EXPOSITION

DES

DERNIERS PRODUITS

DE

L'INDUSTRIE

DE

LA CENSURE,

ET RÉCLAMATION D'ICELLE CONTRE UNE OMISSION DU JURY,

ADRESSÉE

A L'AUTEUR DES LETTRES A M LE. RÉDACTEUR
DU JOURNAL DES DEBATS.

PARIS.

A. SAUTELET ET Cᵉ, LIBRAIRES,
PLACE DE LA BOURSE.

9 octobre 1827.

EXPOSITION

DES

DERNIERS PRODUITS

DE

L'INDUSTRIE DE LA CENSURE,

ET RECLAMATION D'ICELLE.

MONSIEUR,

Vous vous êtes chargé de redresser tous les torts : veuillez aussi redresser nos griefs. Car la censure, dans ses afflictions, n'a, comme tout le monde, d'autre recours que la publicité; et la tâche de nous défendre vous appartient surtout, à vous dont les écrits, vivans témoignages de notre savoir-faire, sont nos galeries du Louvre et notre perpétuelle exposition.

C'est contre M. le marquis d'Herbouville, président du jury de l'industrie, que nous portons plainte devant votre équité. Le discours que le noble pair a prononcé à la tête de ce jury est mémorable Ce qui l'est plus encore, c'est que mention n'ait pas été faite de nos travaux.

M. le marquis d'Herbouville, l'un des membres

du comité supérieur de la censure , devait - il, à moins que ce ne fût par modestie, et alors il fallait le déclarer, se rendre coupable d'une omission qui est chez lui une ingratitude? Sa seigneurie a franchement proclamé que la réunion dont il faisait partie, et au nom de laquelle il portait la parole, était le plus étonnant prodige qui se pût rencontrer; et de fait on y trouve plus d'un nom que les sciences ont à jamais rendu illustre. Mais si le noble pair a mérité d'en être le président, c'est-à-dire le membre le plus prodigieux de la prodigieuse réunion, quels sont ses droits à cette prééminence dont il ne s'étonne pas? Est-ce parce qu'il est au nombre des pairs du royaume? mais on en compte déjà trois cents; et que Dieu prête vie au ministère trois semaines encore, la pairie ne sera plus le Pérou. Est-ce parce que la pureté de ses opinions est éclatante? Mais c'est aussi à trois cents qu'on peut porter dans toute la France, en réunissant la majorité des deux chambres, le nombre des esprits robustes qui revendiquent la même gloire. Est-ce enfin parce que, sans remonter plus haut que la restauration, sa plume éloquente a déposé dans un journal de virulens plaidoyers pour la liberté de la presse et l'intégrité de la constitution? Mais on ose croire que M. de Châteaubriand se montra, sinon plus animé pour cette grande cause, du moins plus éloquent encore. Ce qui élevait donc M. d'Herbouville au dessus de tout parallèle, ce qui le recommandait à tous les regards comme seul digne de marcher à la tête de nos savans, de nos artistes, de nos manufacturiers, de nos commerçans respectés, c'est, en peut-on douter, le titre glorieux qui le lie au travail de la censure. C'est là ce qu'il y a de plus étonnant dans le noble pair ; c'est par là qu'il appartient à l'industrie, et par là aussi qu'il s'en distingue. M. de Bonald seul dans le monde pouvait lui disputer cet honneur nouveau ; mais sans doute il n'était pas dans les principes du noble vicomte de faire partie d'un jury. Il aurait sûrement trouvé plus simple et plus utile de renvoyer les sciences, les arts, l'industrie, devant leur juge naturel.

M. d'Herbouville a la gloire d'avoir introduit à la cour ce titre d'industriels qui est peu littéraire, qui n'est pas français, et qui, il y a peu de temps encore, dans un certain monde, n'était pas poli. Il est poli maintenant puisque le voilà présenté, et qu'il comprend de nobles personnages, voire même des dames illustres. Seulement, ce nom est vague peut-être, puisqu'une exploitation lucrative ou la possession d'un troupeau suffit pour le conférer : à ce compte, M. de Villèle peut être le premier industriel du royaume. Mais, assurément, ce n'est pas à nous que l'on contestera ce titre, nous dont le labeur s'étend du Rhin aux Pyrénées, nous qui sommes les *Georget* du monde politique et cadenassons chaque jour trente-deux millions d'hommes. Tout au plus pourrait-on le refuser à nos maîtres, qui ont toute la gloire, sans avoir la peine ni le mérite. Sans doute M. d'Herbouville, M. de Bonald et leurs quatre collègues, *font* dans la censure ; mais ces six censeurs de haut bord ne mettent pas comme nous la main à la pâte dans l'officine de la police. Ils ne sont qu'amateurs, point artistes en rognures. Et pourtant la France ne connaît qu'eux! Ce sont eux seuls qu'elle nomme dans son estime. Obscurs et vulgaires que nous sommes, nous ressemblons au pain que les gastronomes de village mangent chaque jour comme les habitans des palais, sans réfléchir à tout ce qu'il vaut. La patrie jouit de nous, et nous savoure tous les matins en dévorant le mortel ennui des feuilles publiques, et elle ne pense pas à nous !

Nous réunissions toutes les conditions voulues par l'administration qui régit la France, pour mériter ses palmes. Des administrateurs ont répondu aux fabricans qui étaient omis ou placés trop bas dans l'échelle des récompenses : « Il ne suffit point de ne pas fa- « briquer mal ; il faut bien penser. » Car ceci en effet est plus rare. Or, qui pense mieux que nous, qui pensons comme on ne pense pas? Hélas! nous pensons si bien que nous voudrions corriger le monde de la vieille habitude de penser.

M. Syrieys de Marinhac a des préjugés contre les cultures fécondes; mais ce n'est point au champ de la censure que l'honorable directeur général reprochera sa fertilité. Nous avons une nature de production qui va merveilleusement à tout ce que nous voyons; car c'est de la production négative, destructive, répressive ou oppressive, et même préventive. On peut dire, à notre louange, que nous ne produisons pas, mais que nous empêchons de produire.

Reste l'antipathie pour la propagation des machines dont l'administration a fait plus d'une fois confidence aux industriels étonnés. Mais nous ne sommes pas compris dans les machines qu'on réprouve. Il est trop manifeste qu'un ministère fait comme celui qu'on a, et qui est en si mauvais termes avec l'estime publique, ne peut point se passer de nous.

Maintenant rappellerons-nous nos travaux, monsieur, à vous qui les connaissez si bien? Qu'on nous dise si, depuis le jour de notre avènement à l'empire de la pensée, un souhait pour l'affanchissement des libertés publiques, un doute sur le génie et la vertu du ministère, un mot sur les limites nécessaires de la puissance ecclésiastique, ont percé dans les journaux de notre France libre; dites si le nom de la société de Jésus a été prononcé une seule fois, si nous avons laissé ébruiter les faits qui appartiennent à l'histoire, et toléré ces récits officiels des dispositions ennemies du roi de Prusse, consignés dans tous les journaux allemands, même ceux de M. de Metternich!

Dites si nous n'avons pas protégé sans relâche les révolutions de l'Opéra-Comique, si nous n'avons pas veillé sur le strict incognito de la guerre d'Alger; si nous n'avons pas fait aux tribunaux et à la chambre haute, pouvoirs également entêtés de modérantisme, une guerre acharnée. Et nous objectera-t-on que le comité des récompenses a décidé qu'il n'en serait décerné qu'aux industriels auteurs de découvertes et de procédés nouveaux? N'est-ce pas une découverte que la prohibition des *blancs?* n'en est-ce pas une autre que la prohibition des *noirs*, consacrés à louer les lois qui nous régissent? N'est-ce pas un perfectionnement méritoire que cette partialité intelligente qui supprime dans tels journaux ce qu'on permet à tel autre, suivant l'esprit contraire de leurs abonnés, qui persécute, par exemple, les *Débats* d'une façon constante, en leur interdisant les relations dont toutes les autres gazettes retentissent, ou bien encore qui confisque aux feuilles indépendantes les Nouvelles nouvelles, jusqu'à ce que les feuilles du ministère en brillent enrichies, de sorte que les premières ne semblent jamais avoir que des reflets et des lumières d'emprunt? Certes, monsieur, nous ne sommes que des manœuvres; mais enfin des gens qui ont inventé d'interdire non-seulement l'éloge de l'imprimerie, de la Charte, des sciences, de la vertu, mais même celui de la propreté ; ces gens peuvent prétendre à l'honneur d'avoir fait mentir le proverbe qu'il n'y a plus rien de nouveau sous le soleil.

Et voyez notre mérite : ce n'est point, comme quelques fabricans, par des efforts d'un moment, la veille des olympiades de l'industrie, que nous enfantons des chefs-d'œuvre ; c'est dans tous les temps. Chaque semaine, prise au hasard, présentera les mêmes merveilles. Nos derniers produits en font foi, monsieur : les voici, faites-nous l'honneur de les juger.

Une observation qui vous frappera, c'est que pour nous il n'y a point de jours fériés; les trois cent soixante-cinq jours de l'année sont témoins de notre *labor improbus*. Ce perfectionnement, qu'un économiste ne saurait dédaigner, tient à notre institution ; les deux dernières censures ont été mises au monde par des ordonnances rendues, l'une un simple dimanche, l'autre le matin de l'Assomption. C'est qu'il n'y a point de fêtes ni dimanches qui tiennent, quand il s'agit de travailler sur les libertés publiques.

Dans l'examen qui va suivre, veuillez songer que notre atelier existe à l'encontre des mœurs, des idées et des lois du pays; que notre dévouement nous constituerait en état de prévarication et de félonie permanentes, si ces noms n'étaient bien grands pour nous, qui nous trempons à nos risques et périls dans l'attentat des maîtres qui nous paient ; et alors vous reconnaîtrez que nous avons au moins des droits à l'exposition.

POLÉMIQUE.

Le premier besoin d'une monarchie constitutionnelle est la discussion ; et comme il a plu au ministère de décider que la France resterait constitutionnelle, nous laissons vivre la polémique ; voici comment :

Les articles d'opposition nous arrivent timides, pâles, défaits, déjà enfin tondus et retondus par le journaliste lui-même, comme ces rois faits moines au moyen âge. Nous les prenons alors, et nos instrumens tranchans leur font subir une autre opération qui achève de répondre désormais de leur innocence. On devrait au moins nous donner la médaille de ces modestes artistes du Pont-Neuf, qui opèrent au pied d'un petit écriteau, sur lequel vous lisez : un tel vat en ville.

Voici des pièces de marqueterie curieuse. Ce qui a été supprimé est en caractères italiques. Vous admirerez la dextérité de nos ciseaux, ou, comme vous l'avez dit, de nos monstres, à tourner autour d'une pensée par trop précise, d'une expression par trop expressive ; et le public, en lisant le lendemain ce qui reste, dit, ému aux larmes : Sous ce bon M. de

Villèle, sous M. de Bonald et M. Berchoux, on parle encore !

LITHOGRAPHIE. *La* Gazette universelle de Lyon, *fidèle à son usage de tout calomnier*, s'attaquait ces jours derniers à la lithographie. *Il y a dans la lithographie, dans la rapidité de ses procédés, dans la modicité de son prix, dans sa grande propagation, quelque chose qui ressemble tant à l'imprimerie, qu'on doit lui vouer un peu de la même haine, et lui lancer quelques-uns de mêmes anathèmes.* Des scènes de mœurs, des scènes militaires, *quelques portraits d'hommes connus du monde entier.* sont devenus les sujets préférés de nos auteurs de lithographies, *et dans tout ce qu'ils ont produit, il faut autant applaudir le talent que l'intention.* Y a-t il rien de plus spirituel que leurs scènes de mœurs, de plus pathétique que leurs scènes militaires?

Regrette-t-on les émotions des arts pour le peuple? Il est certain que si on croit dangereux de lui apprendre à lire, on doit regarder comme dangereux aussi de parler à ses yeux, et de chercher de nouveaux moyens d'arriver à son cœur? Mais si on ne croit pas inutile de le cultiver, de l'arracher à la vie purement matérielle, pour l'élever graduellement à la vie intellectuelle; si on croit que le paysan allemand qui lit la Bible, et fait entendre des chants mélodieux, vaut mieux que le paysan polonais. *meurtri de coups et ivre d'une eau-de vie qui lui coûte souvent la liberté;* alors pourquoi s'élever contre ces légères feuilles qui vont répandre dans nos campagnes tant d'images ou gaies ou touchantes?

Je connais de petites villes de quelque mille âmes où un marchand d'estampes vend à quelques militaires rentrés dans leurs foyers, *ou à quelques Français sensibles aux souvenirs de notre gloire,* quelques estampes représentant les beaux faits d'armes *de ceux qui ne sont plus;* mais malheureusement la lithographie n'a pas encore pénétré sous le chaume.

On se plaint de voir trop souvent reproduite l'image d'un homme fameux *entre tous les hommes.* Ce que les artistes cherchent d'instinct, ce sont les sujets qui frappent, *ce sont les figures qui remplissent l'imagination.* Il y a une figure *présente à tous les esprits,* qui ne réveille plus de passions, qui n'est et ne peut plus être qu'un souvenir, *contre laquelle l'hostilité serait aussi ridicule que contre celle d'Alexandre*

(9)

et de César, et que le gouvernement a eu le bon esprit de laisser répandre, parce qu'on ne peut pas détruire l'histoire; *cette figure est souvent reproduite : c'est une préférence qu'il faut pas donner à l'art, car son goût est de préférer toujours l'extraordinaire.*

(Rognure du *Constitutionnel.*)

POLITIQUE. Les partis sont-ils en joie, ils se croient tout-puissans; sont ils en mauvaise humeur, suivant eux, le jour des révolutions approche; *un ennemi, qu'on avait cru détruit, a sourdement rallié ses forces, gagné du terrain. Où tout est perdu*, il ne reste plus d'autre avenir aux fidèles que le martyre... Voilà comment flotte *au gré des vents* l'imagination mobile et passionnée des partis; voilà comment il se fait qu'on nous dit tour-à-tour que la révolution va tout dévorer encore, ou bien qu'elle est perdue, *qu'elle n'aura plus ni dupes ni victimes, et que le monde, par un coup de levier vigoureux, est rejeté dans les anciennes voies qu'il avait quittées, mais qu'il ne quittera plus.*

De tout cela rien n'est vrai; d'une part, il n'y a rien de menaçant, et de l'autre il n'y a rien de perdu. Jamais ce qu'on appelle la *révolution* ne fut moins dangereux. *Les agens provocateurs, si cette race d'animaux existe, ne trouveraient pas maintenant une partie à lier, un projet à faire naître.* Mais l'humanité n'a point renoncé à ses droits; au contraire, elle y tient davantage, elle les entend mieux, et elle a pris le véritable parti : c'est d'attendre la lumière. Cette lumière commence à se faire voir, et on en calomnie l'aurore par des cris d'alarme. Nous sortions à peine, en 1814, d'épouvantables bouleversemens; *certains mots ne pouvaient être prononcés sans causer d'involontaires terreurs :* demander la monarchie constitutionnelle, c'était effrayer la société, *excepté seulement quelques vieux serviteurs ou quelques jeunes appréciateurs de la liberté.* Aujourd hui il en est autrement : chacun sait ce que c'est que d'avoir deux chambres, des journaux, un ministère distinct de l'autorité royale, et responsable de ses actes; *et quoique de tout cela on n'ait eu encore qu'un avant-goût, on a commencé à en comprendre l'excellence.* La monarchie représentative est bonne à ceux mêmes qui ne la veulent pas, car enfin ils peuvent le lui dire *à elle-même. Bien des gens ne s'en sont pas gênés avec la charte.* Mais allez dire à la monarchie absolue que vous ne voulez pas d'elle. Jamais la liberté n'eut moins d'armes en ce monde qu'aujourd'hui : *voyez en France, en Espagne, en Italie;* mais jamais aussi elle n'eut plus de partisans calmes et éclairés.   (*Idem.*)

Dans un article relatif aux documens fournis par le gouvernement sur le commerce et la navigation de la France, le *Journal du Commerce* disait :

En parcourant ce grand travail, nous aurons l'occasion d'en faire ressortir les mérites, *et, si on le permet, les dé-fauts.*

Nous avons supprimé les derniers mots parce que la liberté constitutionnelle consiste dans le droit de louer, et c'est tout. Par malheur le journaliste, se censurant à son tour, a retranché les premières lignes. Mais que nous faisaient ses éloges?

Voilà ce que nous sommes pour la polémique. Vous allez nous voir à l'œuvre, quand nous taillons en plein drap, dans les relations d'événemens qui se disputent l'attention du monde.

———

AFFAIRES D'ESPAGNE.

L'Espagne occupe aujourd'hui les regards des deux hémisphères. La politique de ce royaume, à jamais pacifié par nos armes, a un avantage qui ne s'était pas vu encore, celui d'être à la fois burlesque et sanglante. C'est une tragédie de Shakespeare, au génie près. Il y a des émotions pour toutes les fantaisies : on peut rire et pleurer. La scène ne serait que bouffonne, si les femmes outragées, les hommes pendus et mis en croix, les villes saccagées, l'armée française compromise, et le repos du monde livré au hasard de ce qui adviendra de la charte portugaise et de la fortune de Ferdinand, ne mêlaient un intérêt sérieux à toutes ces gaîtés de sujets embarqués dans la révolte par effervescence de fidélité, d'apostoliques mettant leur pays à feu et à sang pour glorifier la religion, d'alliés de la France instituant la guerre civile comme complément de notre pacification guerrière, d'un roi enfin, faisant en quelques heures ses paquets pour courir au devant de l'insurrection, comme un héros court au devant des périls, comme un père court au devant d'enfans préférés! Pour la gloire des vieux gouvernemens, des gouvernemens-modèles sur lesquels nous voulons que se règlent tous les empires, il est trop heureux que ce drame extraordinaire sorte de temps à autre des proportions du ridicule par l'incendie et l'assassinat.

L'Angleterre voit d'un œil sec cette nouvelle folie d'Espagne, qui pourtant, à la distance où elle est du théâtre, semblerait devoir la faire rire aux larmes. M. Canning, qui déjà se vantait du piége où il nous avait attirés, ne se doutait pas assurément de cette dernière atteinte à la gloire de notre intervention. Mais l'Angleterre s'arrête peu aux bouffonneries dans la conduite des affaires politiques, et sous ces démonstrations divertissantes, elle discerne très-bien des côtés sérieux qui la préoccupent sans partage. Elle voulait que la charte portugaise continuât à fleurir sous les auspices hostiles de don Miguel; et voilà que la nation espagnole aime mieux détrôner son roi légitime, que de laisser vivre en paix la charte voisine. La Grande-Bretagne voulait encore que S. M. C. modifiât les formes de son gouvernement absolu, ruineux, niais, furibond et impuissant; et voilà que la nation espagnole court aux armes, aimant mieux se passer de roi que de ne pas jouir d'une royauté assez despotique! Dès lors tous les efforts de la diplomatie anglaise échouent contre ces vœux opiniâtres de l'esprit public des Espagnes. Ferdinand opposera toujours aux hommes d'état du cabinet de Saint-James, leurs propres maximes. Pour se refuser à toute idée d'amélioration et de sagesse, il se retranchera derrière la souveraineté du peuple.

Ainsi, d'une part, la charte de Lisbonne périt dans les convulsions de la Catalogne; de l'autre, une seconde question se trouve décidée, celle de l'occupation française. Médecins de l'Espagne, pouvons-nous nous éloigner d'elle quand sa guérison n'est pas complète encore, quand elle a le pouls encore agité?

Ces conséquences, la première au moins, plaisent si fort aux ministres de France, que le ministère anglais, appliquant l'axiome *cui bono*, les regarde comme les auteurs de cet incendie lucratif. L'argument est suivant toute apparence forcé.

L'occupation ne saurait avoir pour notre cabinet tous les charmes que la Grande-Bretagne suppose. On se fait de l'autre côté du détroit les plus fausses idées, et les terreurs les moins fondées, de la présence de nos drapeaux de l'autre côté des monts. Parce que autrefois occupation voulait dire conquête, et conquête profit, on voit la France enrichie de sa domination prolongée; mais autrefois aussi gouvernement voulait dire bon sens, et nous avons affaire à quelques grands hommes qui ont changé tout cela.

Nous occupons Barcelone et Cadix; mais nous n'y régnons pas. Nous n'y levons pas des impôts, nous y versons les millions à pleines mains. Enfin nos ministres n'ont pas même inventé d'obtenir à leur pays un régime de douanes qui nous fût propice. Toutes nos denrées sont à peu près proscrites de l'Espagne, et ne le fussent-elles pas, à quoi serviraient des conditions meilleures ? L'Espagne n'est disposée à recevoir que des fusils, et elle a les nôtres, probablement sans les payer.

L'unique satisfaction que la Péninsule donne aux ministres de France, c'est le spectacle de son pouvoir absolu. L'abolition des chartes leur dilate le cœur. Ils passent leur vie à ambitionner pour leur maître les destins dont jouit Ferdinand, et ceux qui attendent don Miguel. C'est là, disent-ils, être roi.

Mais il ne faut pas en inférer qu'ils aient imaginé l'insurrection *agraviada*. Si le comte Dudley and Ward, ou lord Landsdown, venaient à Paris comme M. Canning, ils verraient bien vite que M. de Damas est trop honnête homme pour y avoir songé, et que cet effort de génie passait de beaucoup la prévoyance du chef du ministère. D'ailleurs c'est du bruit, c'est du mouvement, et nous n'aspirons qu'au repos. Nous blâmons fort le créateur d'une chose, c'est d'avoir destiné la terre à tourner.

Tout ce qu'il y a donc de vrai, c'est qu'il peut se rencontrer en France des *agraviados* tacites qui soient en relation avec ceux de la Péninsule, et qui fassent des prières pour le succès des armes communes. Le ministère est en coquetterie et en déférence avec eux. Tout en voulant que l'Angleterre

le croie innocent de l'insurrection, il se réjouirait
si ses alliés ou plutôt ses dominateurs lui destinaient
l'honneur infini de l'en croire coupable ; et il fait
mine de tenir aux gloires de l'occupation , parce
que la nation anglaise en prenant ombrage , c'est
un sujet d'allégresse pour tout ce qu'il y a en France
de trapistes, de capucins et de pères de la société
de Jésus. Les frais énormes de l'invasion de la Péninsule, et ceux de l'occupation, doivent être comp-
tés au nombre des sacrifices que nous multiplions
depuis quelques années pour le contentement des
congrégations.

Mais de cette situation bizarre naît une polémique difficile à soutenir. Les journaux ministériels de Londres nous accusent de complicité dans
l'embrasement de la Catalogne , et les nôtres ne répondent que des non sens.

Le grand argument des politiques anglais est ceci :
Vous avez passé par les armes la révolte de Tarifa ,
vous restez spectateurs inactifs de révolte de la Catalogne. Donc...

Les penseurs de la trésorerie répondent : Il est
vrai que nous sommes accourus pour exterminer
les constitutionnels de Tarifa qui étaient cinq cents,
et que nous échangeons des *shake hands* pacifiques
avec les agraviados qui sont vingt mille. C'est que
les vingt mille agraviados sont moins nombreux et
moins forts que les cinq cents constitutionnels! Car
le roi, libre et tout-puissant aujourd'hui, marche
en personne à la tête d'une escorte formidable ,
pour mettre à la raison les factieux.

Telle est la réplique du *Moniteur.* Ce qui rend

l'argument joli, c'est que la veille, les gazettes ministérielles racontaient que S. M. C. était partie emmenant un capitaine des gardes, un ministre, un valet de chambre, un chef de division et deux garçons de bureaux; et le lendemain, les mêmes feuilles ont appris officiellement à la France que l'auguste don Fernand emmenait dans sa voiture son capitaine des gardes avec son valet de chambre, le reste de la suite cheminant par la diligence...O joies de la monarchie absolue! Un valet de chambre monter avec les grands d'Espagne dans les carrosses de son maître, et la cour voyager, comme au temps de Nausicaa, par le coche! encore le roi lui-même aurait-il sans doute pris la même voie, si les postes ne le menaient à crédit.

Ainsi, la diligence mène cette terrible escorte qui va tout renverser, et le fond de l'armée se compose de deux garçons de bureaux. Ce n'est pas de cette façon que Jules César se préparait à combattre Pompée. Aussi est-il bien évident que S. M. C. ne court point à d'autres champs de Pharsale. Elle ne va point donner de bataille. Elle ne donnera que des signatures. Sa vie s'est écoulée dans les contraintes. Contrainte par les gardes-du-corps à Aranjuez, à Bayonne par Napoléon, à Valence par les perses, par les constitutionnels à Madrid, elle va se faire forcer en Catalogne par les agraviados, et entourée de ces rebelles de la légitimité, elle criera : Que la charte portugaise tombe et que l'inquisition s'élève. *Fiat nox*, et la nuit sera faite.

La *Gazette universelle de Lyon*, qu'en fait de gouvernemens apostoliques on pourrait appeler *le Mo-*

niteur de l'avenir, tant elle devine bien ce qui doit arriver, contenait ces jours derniers un article dont nous avons sagement interdit la réimpression aux journaux de Paris.

— Des bruits d'une nature assez étrange ont circulé ces jours derniers. Avant que le roi d'Espagne fût arrivé à Tarragone, on a fait courir la nouvelle qu'il ne se rendait en Catalogne que pour se mettre à la tête des *agraviados*, et consacrer ainsi, par sa présence et son autorité, le but de l'insurrection.

Vous voyez que la censure avait des fonctions délicates et pénibles. Il fallait faire bruit de l'insurrection, et pourtant ne pas la justifier; il fallait nous vanter des cris de l'Angleterre, et pourtant voiler ses argumens. Il fallait montrer la force des insurgés et taire leurs attentats. Il fallait surtout cacher leur robe en faisant voir leurs armes. Car la vie paisible, les mœurs régulières du clergé français, ont propagé parmi nous beaucoup de préjugés. Il est de très-honnêtes gens qui taxeraient d'inconvenance ces curés qui font la guerre à leur roi, et d'irrégularité ces moines qui pillent ou qui assassinent.

' Nous vous faisons juge, monsieur, de la sagacité merveilleuse dont nous avons fait preuve dans toute cette affaire. Des journaliers tels que nous ne pouvaient mieux émonder ce qu'il y avait dans les discussions de trop convaincant, et dans les faits de trop sanguinaire ou de trop récréatif.

DISCUSSIONS DES JOURNAUX ANGLAIS CONTRE LE MONITEUR. N'a-t-on pas presque affirmé que la position de la Catalogne ne pouvait être expliquée qu'en admettant la connivence de la France?

Le *Moniteur*, en réponse à ceux qui ont fait une accusation odieuse contre le gouvernement français, dit : « Puisque nous discutons des analogies , que répondraient le *Courier* et le *Times* si nous repoussions sur leur gouvernement l'attaque dirigée contre le notre ? Manquerait-on de probabilités dans une telle hypothèse ? L'Angleterre ne tirerait-elle aucun avantage en forçant le monarque espagnol à éloigner son armée d'observation des frontières du Portugal ? »

Pour rendre l'analogie complète, il faudrait prouver que l'Angleterre ayant précisément les mêmes moyens d'agir sur la position intérieure de la Péninsule, possédant les forteresses dans ce pays, et étant avec le gouvernement espagnol dans des relations parfaitement correspondantes, aurait été simple spectatrice pendant qu'il se serait organisé dans le nord une insurrection formidable. On pourrait alors en conclure d'une manière plausible, en mettant de côté toute considération d'honneur national et de foi publique, qu'elle aurait permis les troubles du nord pour se délivrer des difficultés qui la menaçaient dans le midi.

· Nous avons jugé à propos de prendre aussi la plume pour nous défendre. Nous n'avons pas fait d'accusation contre le gouvernement français, et nous ne voulions pas en faire. Mais si nous l'eussions fait, il nous semble que nous avons prouvé que les argumens du *Moniteur* n'auraient pas été une défense fort heureuse.

(Extrait du *Courier anglais*. Rognure du *Constitutionnel*.)

—La situation de l'Espagne prend tous les jours un caractère plus grave, non-seulement en ce qui concerne le pays lui-même, mais aussi par rapport aux considérations politiques qui se lient à ces événemens. Il est passé, le temps où les hommes d'Etat de l'Europe disaient de l'Espagne : « Abandonnez-la à elle-même, laissez les Espagnols régler « leurs propres affaires comme ils l'entendent, pourvu qu'ils « n'entreprennent rien de nuisible aux intérêts généraux de « l'Europe. » L'occupation de l'Espagne par la France a fait de sa situation une question européenne , d'autant plus qu'elle se rattache à d'autres questions politiques dont il est difficile, pour ne pas dire impossible, de la séparer. L'expérience des six dernières années a démontré qu'elle ne peut ni se gouverner elle-même, ni être gouvernée par une puissance amie, du moins avec les restrictions nécessairement imposées à l'exercice de cette autorité auxiliaire.

Si nous ajoutons foi aux nouvelles publiées par les derniers journaux de Paris, nous devons considérer l'insurrection des provinces du nord comme menaçant le gouvernement d'une subversion totale. Ferdinand a quitté sa capitale avec le but ostensible de mettre, par sa présence, un terme à la rebellion. Quelques jours, ou quelques semaines, nous mettront bientôt à même de juger si S. M. C. n'a pas résolu son voyage pour d'autres motifs. Qu'espérait-il faire en personne, qui ne pût être exécuté par ses troupes? Il paraît qu'il ne peut pas trop compter sur leur fidélité. Les rangs des rebelles se renforcent des désertions des troupes royales. En même temps on paraît redouter un soulèvement général dans l'ouest, pour des causes absolument opposées à celles qui agitent la Catalogne. Les Catalans veulent river les fers de l'absolutisme; en Galice, au contraire, on déploie de nouveau l'étendard constitutionnel. Ferdinand aurait sans doute préféré ses loisirs et son repos, aux sacrifices et aux devoirs pénibles que cette crise lui impose. Ses craintes peuvent lui avoir donné une sagacité instinctive pour deviner la convulsion qui approche, et prévoir peut-être la nécessité d'une évasion. Nous ne raisonnons que d'une manière conjecturale ; mais cette hypothèse expliquerait peut-être une circonstance qui se trouve incidemment rapportée dans une lettre de Madrid. Quoique le décret, dit le correspondant, annonce au conseil de Castille que S. M. se rendra à Tarragone, elle paraît avoir eu le dessein de marcher sur Barcelone, car les ordres ont été donnés à la poste pour qu'on adressât toutes les dépêches dans cette dernière ville. Barcelone a une garnison française, et Tarragone n'en a pas ; au contraire, cette place forte est assiégée par les rebelles, et le général Monet a été forcé de s'y réfugier avec deux régimens de troupes royales. Barcelone, défendue comme elle l'est, présente de plus des avantages incontestables, si par hasard S. M. avait songé à un voyage de mer. (Ext. du *Courier anglais*.) (Rognure du *Journal des Débats*.)

Les journaux anglais auraient pu tirer avantage du trait suivant. Nous l'avons supprimé.

— Un de ces jours derniers, un officier français qui allait en congé se trouvait dans la diligence qu'on arrêtait;

sont quêtés de toutes parts. Quelques maires de Paris ont adressé à des citoyens bien pensans une convocation subite et mystérieuse, que beaucoup d'entre eux ont crue destinée à demande d'explications sur les opinions probables de leurs voisins ; l'un des invités voulait publier la lettre suivante pour avoir l'avis du public sur la nature probable du travail d'intérêt public dont il y est question : nous y avons mis bon ordre.

DOCUMENT EXTRAORDINAIRE. *Lettre d'un maire de Paris.*

MAIRIE DU DIXIÈME ARRONDISSEMENT.

Paris, le 7 octobre 1827.

Monsieur,

Je vous prie de me prêter le concours de vos lumières pour l'exécution *d'un travail dont je suis chargé, et qui concerne l'intérêt public.* Veuillez, s'il vous est possible, vous rendre à ma mairie, mardi matin 9 du présent mois, à onze heures et demie précises. Je compte avec confiance sur votre *zèle*, sur votre *obligeance* et sur vos *conseils.*

Agréez, monsieur, l'assurance de ma considération la plus distinguée.

Le maire du dixième arrondissement.

Signé PIAULT.

BOURSE. Pontifes de M. de Villèle, nous défendons de toute atteinte profane l'arche sainte où végète le 3 p. 100 et où le 4 repose encore, vêtu de la robe d'innocence.

— Depuis hier, en y comprenant les marchés d'aujourd'hui, les fonds publics ont éprouvé à la Bourse une baisse de 1 fr. environ. On attribue ce mouvement de défaveur à plusieurs causes diverses : on parle d'une faillite ; on répand la nouvelle que plusieurs juntes de la Catalogne, imitant l'exemple de celle de Manresa, ont également proclamé don Carlos ; on dit que des ordres sont donnés pour renforcer

nos garnisons des Pyrénées ; on considère comme une circonstance grave l'attitude que semble vouloir prendre l'Autriche dans les affaires du Levant ; enfin on continue à
parler de hautes questions de politique intérieure qui se
débattraient dans ce moment au conseil des ministres.

(Rognure du *Constitutionnel.*)

FIÈVRE JAUNE. L'Académie de médecine a
entendu un rapport sur la question de la contagion ;
nous avons pris couleur pour la peste, et alors nous
sabrons ce qui suit :

—Les faits allégués par M. Rochoux contre l'opinion des
contagionistes, ont paru très-concluans.   (*Ibid.*)

JEUX. Les jeux font, comme le ministère et la
fièvre jaune, partie des intérêts que nous devons protéger contre les regards publics. Ainsi faisons-nous.

—M. Irvin (Charles), anglais, arrivé à Paris depuis huit
mois, et demeurant rue de Richelieu à l'hôtel des Princes,
se voyant sans ressources et accablé de dettes, après avoir
perdu 150,000 fr. environ dans les maisons de jeu, avait
formé la résolution d'arrêter pendant la nuit la voiture qui
transporte les fonds de la banque de ces établissemens chez
le directeur. Mais l'inexpérience d'Irvin devait faire échouer
un projet aussi coupable que téméraire. Il avait mis huit
personnes dans sa confidence, et pendant la nuit du 23, elles
avaient toutes ensemble prévenu la police, qui se plaça en
observation dans la rue Feydeau, où l'Anglais a été arrêté.
Il était porteur de quatre pistolets et d'un poignard.

(Rognure du *Courrier français.*)

AFFAIRES ECCLÉSIASTIQUES. Nous tenons
tout ce qui touche aux choses religieuses si sévèrement
sous le boisseau, que les actes du ministère même,
les ordonnances insérées au *Bulletin des lois*, en-
courent nos bienveillans sévices. Que peuvent vouloir de plus le trône et ses conseils ?

Le *Bulletin des lois*, n° 188, publié aujourd'hui, contient une ordonnance du 21 septembre, qui autorise défini-

qu'il porte retroussée jusqu'à la ceinture , où elle est assujé-
tie par un ceinturon auquel est suspendue une longue épée
des fabriques de Tolède ; il porte des culottes et des bottines
en cuir, et un chapeau à trois cornes, au-dessus duquel flotte
un panache. Son lieutenant est le R. P. Pistola, également
cordelier. Ces deux moines , à la tête des rebelles , pillèrent,
il y a quelques jours , la riche ville de Reus, s'y livrèrent aux
plus horribles excès , et finirent par exiger une contribution
de cent mille piastres fortes (cinq cent mille francs) , qu'ils
touchèrent le poignard à la main ; ensuite le R. P. Pugnal se
dirigea avec ses braves sur la place de Tarragone, où il
entretenait des intelligences secrètes ; il s'approcha de la
place jusqu'à portée de fusil ; mais son plan ayant échoué ,
il fut repoussé à coups de canon.   (*Idem.*)

—*Perpignan, 30 septembre.* L'arrivée de la famille du bri-
gadier apostolique Caral sur le territoire français, était le pré-
curseur des grands événemens qui viennent de se passer
en Catalogne. Les rebelles n'ont pas attendu l'expiration du
délai d'amnistie qu'avait accordé le général Monet, qui expire
le 25 de ce mois. Le 18, a paru le manifeste de la junte qui
proclame la déchéance de Ferdinand VII, et l'élévation au
trône de son frère Charles V. Cette proclamation a été faite
dans la ville de Manresa avec la plus grande pompe, ainsi que
celle qui ordonne aux Catalans de faire leur soumission à la
junte , et qui déclare que ceux qui ne l'auront pas faite avant
le 20 du courant seront passés au fil de l'épée.

Dès que ces événemens ont été connus à Barcelone, le général Monet s'est embarqué pour Tarragone, où il va prendre
le commandement de huit bataillons qui doivent y être réunis.
                               (*Ibid.*)

—*Madrid ,* 27 *septembre.* (Correspondance particulière.)
Les trois colonnes de l'armée d'observation qui marchaient
sur l'Aragon ont reçu tout-à-coup, avant-hier, l'ordre de
s'arrêter aux environs de Madrid , et l'on croit savoir que
leur mouvement n'a été suspendu que parce que le gouvernement a des craintes assez sérieuses sur une insurrection,
dans un sens constitutionnel , en Galice, et même en Estramadure. Effectivement, la première de ces deux provinces
s'est toujours montrée très-favorable au système constitutionnel.

                (Rognure du *Journal des Débats.*)

AFFAIRES DU PORTUGAL.

Les affaires du Portugal se lient plus étroitement de jour en jour à celles de l'Espagne. La Péninsule ne forme plus désormais qu'un peuple. Un même esprit la dirige ou plutôt la désole tout entière. Dans ce combat, elle restera tout entière à ses vainqueurs, à la civilisation ou à la barbarie, à la liberté ou au despotisme, et, faut-il le dire, au génie du cabinet de France, ou à l'influence de l'Angleterre. Comme on se demanderait ce que deviendrait notre armée si tout à coup le parti des institutions libres ressaisissait à main armée le pouvoir dont nous avons investi l'imbécille Camarilla, ainsi on cherche avec surprise et anxiété ce que deviendront les troupes anglaises au milieu des feux de joie dans lesquels la charte de don Pedro va périr, lorsque le jeune infant viendra constater par sa présence la défaite des maximes britanniques. Et autant il est difficile de concevoir cette armée, spectatrice débonnaire des triomphes furieux d'opinions et d'influences ennemies, autant on mesurerait avec peine les conséquences de la première insulte qui l'obligerait enfin à tirer l'épée. Ces deux puissances occupantes, qui ne savent ni comment rester dans le guêpier où elles se sont engagées, ni comment en sortir ; ces deux couples de frères augustes qui ne savent comment répartir entre eux l'héritage paternel ; ces deux princes, dont l'un va conquérir sur l'Èbre le royaume qu'il a, dont l'autre conquiert paisiblement sur le Danube celui qu'il n'a pas ; ces deux princesses qui gouvernent par intérim, l'une à

Madrid, où elle fait des vers sur l'absence de don Fernand le bien-aimé avec une grâce charmante ; l'autre à Lisbonne, où elle ne fait pas de vers ; tout cela a été donné en spectacle pour le perpétuel ébahissement de l'un et de l'autre hémisphère.

Les mêmes règles nous dirigent dans notre métier en ce qui touche la monarchie de dom Sébastien et celle de Pélage. Vous allez voir comment nous procédons.

FAITS. Il paraît que l'Infant D. Miguel ne se mettra en route pour Lisbonne qu'après la fête de l'empereur d'Autriche, qui est le 4 octobre. (Rognure du *Journal des Débats.*)

— C'est pour accompagner Don Miguel à son retour, que M. le comte de Villaréal est parti pour Vienne. Déjà des préparatifs sont faits au passage de Béhobie (frontière d'Espagne et de France) pour la réception de ce prince.

(Rognure du *Courrier français.)*

— Dans le quatrième numéro (publié hier 14) de la *Trompette du jugement universel,* on invoque des proscriptions, on provoque directement la guerre civile, et on prêche sans pudeur les assassinats et les meurtres. Le terrible DÉBARRASSONS - NOUS D'EUX , que l'on a prodigué dans le fameux mandement patriarcal du 30 avril 1824 , est répété plusieurs fois par la *Trompette.* Ainsi, nous voyons la faction qui préluda à l'attentat de Bemposta , par l'assassinat du marquis de Loulé, grand-chambellan et favori du roi Jean VI, immolé sur les marches mêmes du trône , persister à la fin de 1827 dans ses projets les plus atroces. L'invocation cruelle adressée à la princesse régente , est d'autant plus remarquable, que personne n'ignore que les écrits de Macedo et la *Trompette,* sont les feuilles du jour que la police offre à la lecture de S. A.

Tant d'horribles provocations révoltent tous les esprits. Les hommes du caractère le plus froid ne peuvent demeurer impassibles à l'aspect de ce scandale, qui décèle aux yeux de tout le monde l'effroyable avenir que l'on nous préparerait, si pour le malheur de la nation la faction du 25 octobre venait jamais à triompher. Cependant il existe une censure, un ministère responsable, soi-disant constitutionnel, qui impose silence aux ecrivains libéraux, et enfin une protection armée anglaise. (Rognure du *Constitutionnel.*)

— Son premier devoir serait d'imposer silence au journal fanatique *la Trompette dernière*, qui tient le langage et manifeste les espérances des hommes qui regardent D. Miguel comme leur chef; il faut qu'il détruise ces espérances par une déclaration de principes et par des actes qui prouvent que ce sont réellement des principes et non des déclamations.
(*Ibid.*)

—Toutes les personnes qui ont marqué dans la révolution de 1820, et qui sont rentrées par suite du décret d'amnistie de D. Pedro, se préparent aussi à quitter le Portugal.
(Rognure du *Journal des Débats.*)

AFFAIRES DE LA GRÈCE.

Un homme d'esprit remarquait ces jours derniers que le monde roule aujourd'hui sur deux personnages de vaste renom, le sultan Mahmout et don Fernand. Ce sont en effet leurs déterminations qui doivent fixer les résolutions de l'Europe et ses destins.

On croyait à Paris l'escadre égyptienne égarée dans les eaux de la Syrie. Il se trouve au contraire que ce sont les flottes chrétiennes qui courent des bordées on ne sait où, et se rangent d'une façon si habile que cent voiles se glissent sur les mers sans les voir passer. Il arrive de là qu'Ibrahim Pacha peut reprendre l'offensive, et qu'à l'ombre de nos propositions d'armistice, des flots de sang peuvent couler.

Le *Moniteur* a fait des aveux remarquables. Le traité n'a rien prévu que pour la paix; et ce traité

était gros de menaces magnanimes et d'apprêts guerriers! Tout a été fait dans la supposition que la Porte
céderait tout ; c'est comme dans la question d'Alger ;
le ministère calcule toujours sur des lâchetés.

La censure ne peut prêter au ministère aucun
secours dans ses perplexités. Que faisons-nous alors,
monsieur ? Nous empêchons que ses angoisses ne
soient trahies par des discussions, ou ébruitées par
des faits. Nous sommes pour M. de Villèle comme
ces hommes qui dans les hôtelleries espagnoles, une
branche d'arbre à la main, préservent des mouches
et de leur bourdonnement importun le sommeil des
voyageurs.

FAITS. *Constantinople, 6 septembre.* La Porte refuse d'entendre de nouvelles propositions : les préparatifs de guerre
continuent dans cette capitale, et les craintes de l'avenir ont
entièrement paralysé le commerce.

(Extrait de la *Gazette d'Augsbourg*.)

Augsbourg, 27 septembre. (Extrait d'une lettre particulière.) Nous venons de recevoir ici une nouvelle importante,
et qui, si elle se confirme, déciderait du caractère et du succès de l'intervention arrêtée dans les affaires de l'Orient.

On mande de Vienne qu'à l'arrivée de deux courriers ex-
pédiés de Constantinople, et reçus à peu d'heures d'inter-
valle par la chancellerie d'état, le bruit s'est répandu dans
cette capitale que la Porte venait de réaliser la menace du
reis-effendi, de revenir à son ancien usage de s'en prendre aux
personnes des ambassadeurs, lorsqu'elle allait se mettre en
état d'hostilité avec une puissance quelconque. M. Stratford
Canning est, dit-on, celui qui a été confiné aux Sept-Tours.

L'Autriche se met très-sérieusement en mesure pour n'ê-
tre pas prise à l'improviste. L'archiduc Ferdinand d'Este,
commandant-général en Hongrie, vient d'inspecter en dé-
tail les frontières de ce royaume, de l'Esclavonie, de la Croa-
tie, etc., et d'y ordonner une distribution de troupes adap-
tée aux circonstances et aux différentes complications d'intérêts politiques qui en pourraient résulter. Les troupes dites

granitzer (milice des frontières) étant insuffisantes pour parer à tous les accidens qu'une guerre continentale, entre la Russie et la Porte doit nécessairement amener, le cordon à été non-seulement renforcé par des régimens de ligne tirés de l'intérieur de la Hongrie, mais aussi plusieurs corps qui sont en garnison en Bohême ont reçu ordre de se mettre en marche pour cette même destination.

(Rognure du *Constitutionnel.*)

DISCUSSION DES JOURNAUX. Le *Constitutionnel* réfutant le *Moniteur*, appelait sa logique *singulière*. Nous avons supprimé ce mot qui n'était pas juste, car cette logique est fort naturelle pour des gens qui peuvent tout dire, et tiennent la main sur la bouche de quiconque leur veut répondre. Le mot d'ailleurs n'était pas révérencieux ; et on ne peut l'être trop pour des gens qui n'écrivent que par ordre, et ne pensent que sur tarif, un tarif réglé par la trésorerie, des ordres donnés par S. Exc. monseigneur le comte de Villèle!

Voilà pour la dignité du pouvoir. Voici qui est pour son repos.

Les cabinets de l'Europe ont-ils oublié qu'ils ont affaire avec les Turcs ? les barbares n'entendent jamais raison ; la force seule est le droit qu'ils reçoivent. Agir autrement, c'est perdre le temps. D'ailleurs nous ne pouvons pas concevoir la manière de voir des autres puissances européennes ; d'après toutes les apparences, la Russie ne désire que la non-exécution du traité d'intervention dans les affaires de la Grèce ; elle a trop dépensé pour l'entretien des troupes dans la Bessarabie, depuis six ans, pour ne pas vouloir s'indemniser sur la Turquie ; le sang des Grecs versé, et l'insouciance des autres puissances sur ce sujet, sont le prétexte d'une conquête méditée depuis le temps de Catherine, et pour laquelle le grand-duc Constantin paraît avoir renoncé au trône de Russie. Le cabinet russé avait aliéné par la conduite qu'il a tenue jusqu'à l'hiver passé le cœur de ses coreligionnaires de la Turquie, et refroidi leur affection pour son gouvernement ; mais par

l'empressement qu'il a montré dernièrement à envoyer sa
flotte dans la Méditerranée, et avec elle un consul général
dans la capitale de la Grèce, il a regagné plus qu'il n'avait
perdu. Cependant nous espérons que les commandans des
forces navales de la France et de l'Angleterre dans la station
du Levant, trouveront les moyens de faire cesser une guerre
d'extermination, et détourneront le danger que toute l'Europe court d'une explosion terrible qui la menace.

(Rognure du Constitutionnel.)

— Une circonstance bien étrange ajoute encore à la gravité du fait en lui-même, sans parler des résultats désastreux
que les Turcs s'en promettent : la flotte turco-égyptienne est
de cent voiles environ, dont la moitié se trouve composée
de transports, *presque tous autrichiens*. C'est *le Moniteur*
qui a pris soin de nous donner cette nouvelle : elle n'a étonné
personne ; mais il nous semble important de noter l'aveu
tardif qui vient d'en être fait. Ne serait-ce point, de la part
de l'Autriche, un moyen de reporter au traité de Londres.
La France, l'Angleterre et la Russie se réunissent pour
mettre un terme aux maux sans nombre qui accablent la
Grèce ; l'Autriche, au contraire, prête ostensiblement son
assistance aux Turcs pour consommer la destruction des
Hellènes. Cette divergence d'action, de coopération, ne
doit-elle pas entraîner les plus sérieuses conséquences ? C'est
là, nous le supposons du moins, un incident sur la gravité
duquel il serait superflu de s'appesantir dans ce moment.
L'Autriche protége ouvertement les Turcs ; les trois autres
puissances sont-elles bien déterminées à protéger les Grecs ?
Voilà la question réduite à sa plus simple expression. On comprend sans peine que nous ne pouvons pas nous charger de la
résoudre.   (*Ibid.*)

—Il n'y a aucun mal à vouloir empêcher la Russie d'occuper
Constantinople ; mais il faut convenir qu'on l'a voulu, et
qu'on a eu des raisons de le vouloir. Ce serait admettre, il
est vrai, que des motifs terrestres, que des intérêts maté-
riels, peuvent préoccuper encore aujourd'hui les cabinets eu-
ropéens ; et *le Moniteur* ne peut pas faire de pareils aveux.
Constantinople ne plaît point à la Russie ; la Morée ne plairait
point à l'Angleterre ; voilà ce que doit penser, ou du moins
écrire *le Moniteur* : c'est là son rôle, mais ce n'est point
le nôtre. Les motifs qui dirigent les trois puissances con-

tractantes sont connus et jugés du monde entier , et il est
puéril de vouloir les déguiser. La Russie gravite de tout son
poids vers le midi de l'Europe ; c'est là que cette puissance
énorme cherche son écoulement naturel. Le conseil que lui
donnait Voltaire de chasser les Turcs de l'Europe , elle n'a
jamais cessé de se le donner à elle-même , et probablement
le zèle religieux n'entre pas dans ses motifs beaucoup plus
qu'il n'entrait dans ceux de Voltaire. Les troubles de la
Grèce ont toujours été son espoir et son prétexte. Si l'am-
bition d'une domination toute morale sur l'Europe a pu un
moment distraire Alexandre des vues naturelles à son cabinet , ces vues ont dû renaître dans l'esprit de son succes-
seur.

(Ibid.)

FAITS DIVERS.

Nous excellons à dépister les faits inoffensifs qui
pourraient être dangereux, et les faits indifférens
qui ont un germe coupable. Ce sont d'habiles gens
que ceux qui ont su nous dépister à leur tour dans
toute la France, pour remettre en nos mains les
ciseaux protecteurs.

DISSOLUTION. Ce mot nous épouvante comme
s'il s'agissait de la dissolution de la société. Nous ne
permettons pas aux nouvelles des salons de transpi-
rer dans les journaux.

— On parle plus que jamais dans le faubourg St-Germain
de la prochaine dissolution de la chambre.

(Rognure du Constitutionnel.)

Malgré les efforts de la censure, tout le monde
s'adresse cette question : la chambre sera-t-elle dis-
soute ?

Dans l'antichambre où nous stationnons, on ignore
les secrets du ministère ; mais ce qui est certain, c'est
que des renseignemens sur la statistique des opinions

(19)

un des chefs se présente et dit : « Laissez les passer, ce sont
des nôtres. »

Les proclamations des insurgés traitent les Français de
leurs *amis*.   (Rognure du *Constitutionnel*,)

— FAITS. *Madrid* 20 *septembre*. (Correspondance particulière.) On a remarqué que le décret du roi sur son départ (1) est, à quelques expressions près, rédigé entièrement
dans les mêmes termes que celui dans lequel, en 1808, le roi
annonçait son départ pour Bayonne, et ce rapprochement
n'a pas laissé que de causer des inquiétudes assez générales
parmi le peuple. qui, quoiqu'il lise peu, a plus de mémoire
qu'on ne croit.   (*Ibid.*)

— On annonce que la proclamation qui doit être faite par
le roi à son arrivée à Tarragone se trouve déjà à l'imprimerie royale, et qu'elle sera publiée dans le prochain numéro
de notre gazette. Chacun commente à sa manière cette pièce
avant de l'avoir lue. Les uns y voient le renversement de
tout le ministère, le rétablissement de l'inquisition et celui
des commissions militaires permanentes; les autres, au contraire, y découvrent une amnistie générale, la reconnais-
sance de l'indépendance des Amériques, et la réunion de
cortès *por estamentos* : ces derniers se fondent sur ce
que les ministres, qui le 21 au soir allaient faire leurs
adieux à leurs portefeuilles, sont sortis de la chambre de
S. M. rayonnans de joie. Ces mêmes personnes se fondent encore sur ce que les forces que l'on réunit contre les
révoltés catalans sont presque triples de celles dont on pourrait avoir besoin. Un fait certain est que 12,000 hommes
seraient plus que suffisans pour pacifier la Catalogne, et en
comptant toutes les troupes mises en action, on en trouve
de 26 à 28,000. Ce ne sont là que des conjectures conformes
aux passions ou aux intérêts de chacun, mais il n'y a pas de
doute que nous ne soyons à la veille de grands événemens.
                                               (*Ibid.*)

—*Madrid*, 24 *septembre*. Une nouvelle proclamation des
insurgés, plus incendiaire que les précédentes, et imprimée
avec luxe en français, en anglais, en portugais et en espagnol,
est depuis plusieurs jours parvenue dans quelques salons de
cette capitale. On y retrace la conduite de Ferdinand VII

(1) Voyez le *Constitutionnel* du 27 septembre.

2.

depuis sa naissance, et surtout à l'occasion des événemens de l'Escurial, puis de ceux d'Aranjuez en 1808 ; ce qu'elle fut pendant son séjour à Valençay ; son refus d'écouter les propositions que lui fit un Anglais de lui rendre la liberté ; les principaux actes de son gouvernement depuis 1814 jusqu'en 1820, de 1823 et de 1825 jusqu'à ce jour. Cette proclamation est adressée à tous les Espagnols et à tous les rois de l'Europe. Les insurgés les prennent à témoin que les Espagnols ne peuvent se fier à leur souverain actuel, qui, disent-ils, n'est capable d'être à la tête d'aucun gouvernement, de quelque espèce qu'il soit, et moins encore d'un gouvernement absolu que de tout autre. Cette proclamation forme un assez gros volume in-18, imprimé à *Universapolis*, 1827.

(*Ibid.*)

—On commence à craindre que l'éloignement des troupes, et leur concentration dans la Catalogne et dans l'Aragon, laissant à découvert toutes les parties du royaume, ne fassent éclater quelque autre mouvement sur un point opposé à la Catalogne ; et ces craintes sont d'autant plus fondées, qu'un cordelier nommé le P. Pugnal, vient déjà de se montrer à Villa-Nueva de la Serena, dans l'Estramadure. Ce moine passe, dans l'esprit de ceux qui le connaissent, pour un homme audacieux, entreprenant et rempli de moyens.

(Rognure du *Journal des Débats.*)

— Les révoltés ont sommé Saint-Félix de Gixols de fournir son contingent en hommes à la junte, sous peine d'être brûlé.   (Rognure du *Constitutionnel.*)

— On dit que le roi a promis d'accorder l'inquisition ; mais la junte demande que la guerre soit déclarée au Portugal.   (*Ibid.*)

— *Saragosse, 26 septembre.* Ils ont donné à un de ces corps le nom de *Père Eternel;* d'autres sont connus par leurs dénominations de régimens du *Très-Saint-Sacrement,* du *SaintEsprit*, du *Christ*, et ainsi de suite.

(*Idem.*)

— Parmi les bandes les plus redoutables de la Catalogne, celle qui commet les plus grands excès, est commandée par le R. P. Pugnal, de l'ordre des cordeliers : on voit ce moine monté sur un superbe cheval, affublé de sa tunique, tivement les communautés religieuses du Sacré-Cœur-de-Jésus établies au Mans et à Poitiers. On y trouve encore treize ordonnances royales qui autorisent des hospices et bureaux de charité, à accepter des donations ou legs.

Le *Bulletin* précédent, sous le n° 187, publié le 1ᵉʳ octobre, contenait trente-trois ordonnances de même nature, et le n° 186, publié le 29 septembre, en contenait soixante-une.

(Rognure du *Constitutionnel.*)

— C'est, dit-on, le 7 du mois prochain que les religieuses capucines vont prendre processionnellement possession du magnifique couvent qu'elles ont fait construire à l'extrémité du chapitre.   (Extrait du *Messager de Marseille.*)

(Rognure du *Courrier français.*)

CHANGEMENT DE RELIGION. Un article de la charte proclame l'égale protection de tous les cultes; en conséquence nous laissons annoncer tout ce qu'il y a de conversions à la foi catholique; nous ne souffrons pas que les cultes dissidens racontent leurs conquêtes.

—M. Fell, prêtre catholique à Francfort-sur-le-Mein, et chargé jusqu'à présent de l'instruction religieuse pour les classes supérieures du lycée de cette ville, vient d'augmenter le nombre de ceux qui renoncent à la foi catholique romaine pour embrasser les doctrines du protestantisme. Cet ecclésiastique, homme très-estimable par sa moralité et son érudition profonde, vient de se démettre simultanément de tous ses emplois et fonctions, en déclarant solennellement devant le consistoire de la même ville, qu'il était incompatible avec sa conscience de professer plus long temps des doctrines qui avaient cessé de présenter à ses yeux un caractère d'infaillibilité. Ce changement de religion a fait, comme on peut bien imaginer, une sensation d'autant plus grande, qu'on ne pouvait supposer à M. Fell aucun motif d'intérêt temporel, les émolumens attachés à la place à laquelle il a renoncé étant évalués 2,000 florins, de la perte desquels il ne peut se promettre aucun dédommagement par suite de la démarche qu'il vient de faire.

(Rognure du *Constitutionnel.*)

ELOGE DE M. ISAMBERT. Le ministère nous
a institués pour abolir la diffamation ; nous laissons
le champ libre aux diffamations officielles, et biffons
sans miséricorde l'éloge des citoyens. Le tour n'est-il
pas joli ?

— Le célèbre Isambert, avocat à la cour de cassation,
est arrivé dans cette ville. Il a assisté mercredi à l'audience
de la chambre des vacations du tribunal civil. Un jeune
avocat qui donne les plus grandes espérances, M. de Foresta,
qui plaidait ce jour-là, s'est adroitement écarté de son discours pour adresser à M. Isambert les paroles les plus flat-
teuses ; cet hommage rendu à une des gloires du barreau
français, était l'expression unanime de l'assemblée. Nos ma-
gistrats ont témoigné à ce profond jurisconsulte toute l'estime
dont ils sont pénétrés pour ses vastes connaissances et son
honorable caractère. Nous nous félicitons de posséder dans
nos murs l'éloquent et courageux défenseur qui a arraché de
l'opprobre et des fers les hommes de couleur condamnés à
la Martinique, et déchargés de leurs peines infamantes par la
cour de la Guadeloupe. Ce beau triomphe ne fut pas seulement le résultat de la persévérance et du talent, mais encore
de la plus noble inspiration d'un cœur vraiment généreux.
C'est aussi à la voix d'Isambert que plusieurs conseils de
guerre ont *refusé* d'appliquer contre des militaires la peine
si sévère des travaux forcés pour des délits déclarés par le
code pénal passibles d'un simple emprisonnement.

(Rognure du Courrier français.)

OFFICIERS EN NON-ACTIVITÉ. Nous avons
un tact exquis pour deviner l'esprit des lecteurs de
feuilles publiques, et supprimer dans chacune ce qui
plairait le plus à ses abonnés. Nous passons notre
vie à ces malices contre ce qui reste de la feue
liberté constitutionnelle de la presse. Ainsi les officiers en non-activité sont en instance pour demander
que la demi-solde, dont ils ne doivent jouir que jusqu'en 1828, leur soit payée jusqu'à l'époque de

leur retraite. Le Roi a daigné accueillir avec bonté une pétition qui lui fut remise dans Arras. « Assurez vos camarades, dit le monarque, fier de compter dans son arrière-ban de tels hommes, qu'ils seront contens. » Ce mot était mieux fait que toutes les harangues administratives, pour propager dans les cœurs l'amour et la fidélité. Mais *le Courrier français*, par exemple, est au nombre des journaux qui comptent le plus de lecteurs dans les rangs de l'ancienne armée : nous lui avons biffé ce fait. M. Pomadin n'est pas plus gai que nous.

NAPOLÉON ET LA CENSURE, par M. Jal. Nous avons reçu ordre tout-à-coup, il y a huit jours, de ne plus laisser les feuilles publiques tracer le nom de l'Empereur et Roi. Cet ordre nous a troublé l'esprit comme au public, et nous n'avons pas douté que le duc de Reichstadt n'eût fait invasion du côté des Alpes, ou bien que son père, au lieu d'être mort à Sainte-Hélène, n'eût débarqué sur les côtes de Bretagne, à la tête d'une armée d'Osages. Vous savez que ces bruits, grâce à tout ceci, ont couru.

Suivant la consigne, nous avons repris les hostilités contre la mémoire de S. M. I. L'histoire de M. de Norvins (1) a surtout mérité nos sévices; et voici que M. Jal s'en étonne. Il publie et, qui pis est, distribue (2) à ce sujet un pamphlet acéré contre nous. Par malheur l'esprit et la satire y sont jetés à

(1) Chez Dupont, rue Vivienne.
(2) *Ibid.*

5

pleines mains ; mais nous le réfutons admirablement, car nous l'étouffons.

—LETTRE A M. LE COMTE DE VILLÈLE, par M. le comte de Montlosier. Une brochure de deux cents pages que recommanderont cet heureux titre et ce noble nom , est sous presse chez M. Tastu. Nous ferons tout pour que le public ignore la bonne fortune qui l'attend.

PROCÈS DE LA PAIRIE, par M. le marquis de la Gervaisais. L'honorable marquis ne peut pas s'accoutumer à la pensée que nous ayons osé faire la guerre à un royaliste tel que lui, et, qui pis est, à la pairie, en supprimant toutes les annonces des écrits qu'il a publiés sur cette grande institution. Il s'écrie : où était la circonstance grave ? où est la raison ? où est la loi ? Avec tout son esprit, il est naïf M. de la Gervaisais !

AFFAIRES ÉLECTORALES.

Nous voici parvenus à un point où pour seconder le ministère, il faut une sorte de courage inconnu jusqu'ici chez les Français. L'autre est, Dieu merci, à la demi-solde : il n'est pas besoin de lui pour la guerre d'Alger ; et comme il fallait à nos guides une gloire, ils ont pris celle que nous signalons.

Les inscriptions fautives, les omissions volontaires, le refus de tenir les registres pour le dépôt des pièces, institués par la loi, mille tentatives criminelles pour repousser le dépôt même de ces titres que la loi ordonne aux préfets de rechercher d'office , enfin le perpétuel escamotage des droits, c'est-à-dire de la propriété politique des citoyens, de perpétuelles insultes à la lettre comme à l'esprit de la législation, des insultes plus grandes à la probité publique, voilà le spectacle offert de toutes parts ! On ne sait ce qui étonne le plus, ou que notre noble France ait pu tomber sous de semblables arbitres de ses destinées, ou que la séduction d'une broderie et de quelque peu d'or donne des coopérateurs à de tels actes et à de tels hommes.

En cette occurrence, que peut faire dame Censure, chétive qu'elle est ? Rien autre chose que se jeter entre l'administration et le mépris des peuples. Aussi nous la plastronnons de notre mieux. Nous empêchons ses ignominies de percer à la lumière et de recevoir leur premier châtiment. Si quelque jour les vindictes de la loi châtient enfin les coupables, nous n'y pourrons mais. Trop bas pour que les coups qui les frapperont nous atteignent, et joyeux d'avoir fait notre devoir, nous nous chargerons de rimer la complainte qui consacrera leur souvenir.

— A Lyon, les listes encore incomplètes quant à la quantité, sont aussi erronées quant à l'inscription de quelques électeurs sur les droits desquels l'autorité a été trompée. Ces personnes faussement inscrites seront signalées, s'il est nécessaire, par les bons citoyens ; mais il faut espérer qu'elles seront les premières à réclamer leur radiation. Si elles négligeaient de le faire, qu'elles sachent qu'en s'attribuant une qualité qui ne leur appartient pas, elles s'exposeraient aux coups de la loi. Le pouvoir lui même qu'elles auraient cru servir, serait obligé de sévir contre elles.

(Rognure du *Journal des Débats*.)

— Il paraît que dans le département de la Somme les électeurs ont rencontré beaucoup d'obstacles à se faire ins-

crire , soit par défaut de régularité des pièces qu'ils avaient
à produire , soit par d'autres motifs.

(Rognure du *Constitutionnel.*)

Lettre à Monsieur le Rédacteur du Journal des Débats.

Monsieur,

Une grande contestation s'est élevée entre le préfet de
Seine-et-Marne et moi. Depuis dix ans je m'occupe d'élec-
tions ; depuis dix ans je produis au préfet, pour la confec-
tion des listes électorales, une grande quantité de pièces de
mes collègues trop éloignés du chef-lieu. Jusqu'au 28 septembre dernier, M. le préfet les avait toutes acceptées ; j'en
portai ce même jour, et les électeurs furent admis sur la liste ;
mais le lendemain 29, il n'en fut plus de même : M. le préfet refusa d'accepter les pièces, et se retrancha derrière une
lettre ministérielle. Je viens vous prier, monsieur, de vouloir bien répondre, par votre estimable journal, aux trois
questions suivantes :

1°. Un préfet a-t-il pu refuser les pièces des électeurs jurés,
parce qu'elles lui étaient présentées par des tiers non munis
de pouvoirs authentiques de ces électeurs? Jusqu'au 29 septembre, toujours les pièces avaient été ainsi reçues sans difficulté; ce ne fut que le 29 septembre au matin que le préfet, pour la première fois, refusa d'en recevoir, sous prétexte d'ordres ministériels, et alors il était trop tard pour
obtenir des pouvoirs de ces électeurs domiciliés à l'extrémité
du département.

2°. Un préfet, dans les bureaux duquel, malgré son refus,
les pièces d'un électeur ont été déposées par un mandataire
verbal, peut-il ensuite refuser d'inscrire sur la liste cet électeur, qui se présente devant lui le 30 , sous le prétexte qu'il
a brûlé ces pièces ?

3°. Un préfet peut-il refuser de recevoir un paquet qui lui
est adressé par la poste franc de port, parce qu'il peut con-
tenir les pièces d'un électeur?

J'ai l'honneur, etc.   Un électeur de Seine-et-Marne ,

DUPERRAUD, *ancien officier de cavalerie.*

Melun , 2 octobre 1827.

La réponse aux trois questions de notre correspondant ne
nous semble pas présenter une difficulté sérieuse.

1°. Un tiers, quoique non muni de pouvoirs écrits , justifie suffisamment par les pièces dont il est porteur le mandat verbal qu'il a reçu de l'électeur dont elles sont la propriété. On ne peut pas lui contester un droit au moins égal à celui d'un facteur de la poste aux lettres. Or, ni le texte, ni l'esprit de la loi, n'autorisent un préfet à refuser un paquet qui lui arrive franc de port par la poste, et qui contient des papiers relatifs au fait de son administration. Ces papiers doivent être enregistrés au secrétariat aussitôt après l'ouverture du paquet, renvoyés dans le bureau compétent, et mis sous les yeux du préfet aussi promptement que la nature de l'affaire l'exige. Voilà le principe général auquel il n'est permis de déroger dans aucun cas, à plus forte raison en matière électorale, où, à raison des limites du temps accordé, tout doit être considéré comme urgent. Il n'importe par quelle voie ces pièces parviennent à la préfecture. Si elles sont en règle, si elles sont munies de tous les caractères d'authenticité, il n'existe aucun prétexte légal d'en refuser l'admission, et par conséquent d'alléguer un prétendu défaut de capacité de la part du mandataire officieux qui en a fait la remise, et qui a dû s'en faire délivrer un récépissé.

2°. Un préfet qui se serait permis, contre toute vraisemblance, de brûler des papiers déposés dans ses bureaux, aurait commis un véritable délit et un attentat à la propriété. Quand même il jugerait ces papiers inutiles, ils appartiennent à celui dont ils portent le nom, dont ils tendent à constater les droits politiques et civils. Il lui enlèverait le moyen de prouver, en les retirant, qu'il a essuyé un déni de justice, et par conséquent le moyen d'obtenir devant le conseil d'état ou devant la cour royale la rectification de l'erreur qui l'aurait exclu de la liste du jury. Si le fait auquel nous persistons à ne pas ajouter foi est réel, l'électeur doit porter plainte devant le ministre, et, en faisant la réserve de ses droits, solliciter la permission de traduire devant les tribunaux le magistrat coupable.

3°. La troisième question est résolue par la réponse aux questions précédentes. Un paquet mis à la poste, quelle que soit la nature des papiers qu'il contient, doit être remis à son adresse; et quand il est affranchi, un fonctionnaire n'a aucun motif raisonnable de ne pas le recevoir et de faire droit, d'une manière ou d'une autre, à la demande qu'ils sont destinés à appuyer.

(Rognure du *Courrier français.*)

Voici d'autres faits que les journaux n'ont même pu essayer de dire, bien sûrs du destin que nos ciseaux leur réservaient. Car la censure a cela de bien qu'elle est sur toute préventive. Elle supprime peu, malgré tout son zèle, mais elle étouffe beaucoup.

Lettre d'un électeur de Pontoise.

2 octobre 1827.

Chargé par plusieurs jurés-électeurs en retard de faire le dépôt de leurs pièces au secrétariat de la préfecture de Seine-et-Oise, je me rendis à cet effet à Versailles le 28 septembre à midi. Je m'adresse à la préfecture au sieur Plassart, simple employé, commis spécialement par M. le préfet pour recevoir le dépôt des pièces; je lui remets l'une après l'autre les liasses dont j'étais dépositaire; à chacune était jointe une réclamation signée par la partie; à la septième, je le prie d'inscrire ces réclamations et les pièces sur le registre d'ordre tenu en exécution de l'article 4 de la loi du 2 mai 1827. « On ne donne pas de reçus. — Je ne vous en demande pas; mais comme à chacune de ces liasses est jointe une réclamation, je vous réitère ma prière d'inscription sur le registre exigé par la loi. — Il n'y a pas de registre. — C'est un oubli, voici la loi, ayez la bonté de l'ouvrir. — M. le préfet a défendu de le faire. — Ce que vous me dites est étrange; il est impossible que M. le préfet ait donné l'ordre de violer la loi — Vous me faites perdre mon temps; si vous n'êtes pas satisfait, faites-nous notifier vos pièces. — Le conseil que vous me donnez me paraît inconvenant. — Au surplus, voyez M. le préfet. »

Je me dirige vers le bureau de ce magistrat. Dans l'antichambre un garçon de bureau m'arrête. « M. le préfet n'est pas visible, il est en réunion avec les sous-préfets de plusieurs arrondissemens du département; repassez à deux heures. » Je reviens à l'heure indiquée, même réponse; je demande audience pour le lendemain. « M. le préfet ne sera pas visible, vous ne pourrez lui parler. — Les portes sont donc closes et fermées? — Oui; tel est l'ordre que m'a donné M. le préfet. »

. Je rentre au bureau du sieur Plassart; je lui présente de nouveau les réclamations et les pièces dont j'étais porteur.

« Avez-vous une procuration spéciale et authentique de chacun des réclamans? — A chaque liste est une réclamation au pied de laquelle sa signature est apposée. » L'employé reste surpris ! puis il dit : « Mais je ne puis pas inscrire vos pièces sur le registre, il n'en existe pas ; M. le préfet l'a défendu ; au surplus, je vais lui parler. » Je le suivais pour avoir audience ; sur l'observation que cela était défendu, je n'ai pas insisté. Trois à quatre minutes après le sieur Plassart revint. « Voilà vos pièces ; M. le préfet persiste à les refuser parce que vous n'avez pas de procuration authentique ; pas d'explication, je n'ai pas le temps de vous écouter ! ! » Force il y eut pour moi de m'adresser à un huissier ; je lui remis plusieurs liasses et une réclamation générale sur la rédaction des listes, les erreurs, les omissions et les retranchemens, et l'avis de M. le préfet affiché le 15 août, pour en faire et constater le dépôt au secrétariat de la préfecture. Il s'y rend à trois heures ; il n'en est sorti qu'à cinq heures avec les actes contenant la réponse suivante, signée par M. le comte de Tocqueville. « A quoi mondit sieur le préfet a répondu qu'il « ne pouvait recevoir aucune des pièces mentionnées ci des- « sus, attendu que je ne justifiais d'aucun mandat spécial des « parties qu'elles intéressent à l'effet de faire ledit dépôt. »

J'examine ces actes, et je remarque qu'ils sont signifiés à la personne de M. le préfet, qui était sans qualité pour recevoir le dépôt ; il fallut recommencer.

Le lendemain 29, à neuf heures du matin, à la requête de neuf personnes avec élection de domicile à Versailles pour y recevoir tous actes de notifications d'arrêts et protestations de nullité contre les notifications qui seraient faites ailleurs, on fit le dépôt des pièces et réclamations au secrétariat général de la préfecture. Voici la réponse du secrétaire général, telle qu'elle est consignée dans les actes :

« Parlant à sa personne, qui a refusé de signer l'original « par la raison qu'en fait d'élection il est de principe que les « pièces et réclamations doivent être déposées par les parties « elles-mêmes, ou par un fondé de pouvoir en vertu de pro- « curation authentique. »

Les pièces et les copies d'exploits ont été laissées à M. le secrétaire général, et d'après l'art. 1039 du code de procédure civile, les originaux ont été visés par M. Douet d'Arcq, procureur du roi. Cet article 1039 porte que le refusant pourra être condamné à une amende qui ne pourra être moindre de 5 francs.

Les pièces sont valablement déposées par actes réguliers; elles sont sous la responsabilité personnelle de M. le chevalier Bonnechose, secrétaire général; aucune notification d'arrêté de rejet n'a été faite en temps utile au domicile élu; les réclamans doivent être inscrits sur la liste; il y aurait forfaiture en ne les inscrivant pas.

Vous voyez, monsieur, que ce n'est pas sans peines et sans désagrémens que l'on parvient à jouir des droits accordés par la loi, et à faire opérer le dépôt de ses pièces avec date certaine.

Semblable refus était fait à toutes les personnes qui réclamaient, soit l'enregistrement, soit un reçu.

L'huissier est resté deux heures et demie à la préfecture; il s'est adressé à M. le secrétaire général, qui a été une demi-heure à lire les réclamations et les pièces; il signe au premier visa, s'arrête en se rappelant l'ordre donné et réitéré par M. le préfet de ne rien recevoir d'un tiers sans la représentation d'un mandat authentique; il dit à l'huissier : Je crains de me compromettre; il le laisse dans son bureau et descend avec toutes les pièces au grand conseil de M. le préfet. Après trois quarts d'heure d'attente, l'huissier est appelé; il trouve M. le préfet en assemblée générale avec les sous-préfets du département, plusieurs membres du conseil de préfecture, et le secrétaire général. Alors M. le préfet prend la parole. « Monsieur, tout cela est inconvenant ; avez-vous une procuration authentique? — Je n'en ai pas besoin; suivant la loi, il me suffit d'être porteur des pièces; en les déposant j'ai rempli mon ministère. Je ne vous demande rien, M. le préfet, je constate un seul fait, celui du dépôt; je n'ai besoin que du visa de M. le secrétaire. — Voici l'instruction du ministre, elle est positive; M. le secrétaire ne signera pas!!! » Le grand conseil examina les pièces : lecture fut faite de la réclamation en cinq rôles; cette lecture fit naître de nombreuses observations; enfin on s'arrêta à la proposition qu'il ne fallait rien recevoir : ensuite plusieurs projets de réponse sont dressés; celui ci-dessus fut adopté. Plus d'une heure s'était encore écoulée : l'huissier et M. le secrétaire rentrent dans le bureau de ce dernier, qui reste quelques minutes à réfléchir; puis se tournant vers l'huissier, il lui dit : « Tout cela ne me compromet-il pas? je suis embarrassé. Vous avez entendu les défenses positives faites par M. le préfet; mais ce n'est pas sur moi que pèse la responsabilité. — C'est à vous à savoir ce que vous avez à faire; je mets à votre disposition la signature que vous avez donnée... » La signature est bâtonnée..... Les actes sont clos, les copies et toutes les pièces sont déposées et laissées sur le bureau; l'huissier se retire. A peine est-il dans la cour, qu'il est rappelé par M. le secrétaire. « Monsieur, vous avez oublié vos pièces, les voici; je vous prie de les reprendre. — Je n'ai rien oublié, je vous en ai fait le dépôt, mon ministère est rempli; à votre refus je fais recevoir le *visa* de M. le procureur du roi. »

Le grand conseil était toujours assemblé ; ce qui venait de se passer avait fait faire de sérieuses réflexions. Il fut arrêté que l'on donnerait des reçus aux personnes qui en exigeraient, et que l'on viserait les actes de dépôt; mais on a persévéré à ne pas ouvrir le registre de tous les dépôts de réclamations et pièces ordonné par loi, il n'en existe pas. Cependant ce registre est la seule garantie ordonnée par la loi pour la vérification des erreurs, des omissions et des retranchemens faits ou commis sur les listes; en fait d'élection, la loi a ordonné ce registre pour la garantie de toutes personnes.

J'ai eu connaissance qu'une heure après les significations dont je viens de parler, il en avait été fait une autre dans la même forme, que le secrétaire général avait visé l'original sans difficulté, et que des reçus avaient été imprimés sur-le-champ.

Vous remarquerez, monsieur, que les dépôts de pièces étaient reçus *des mains de toutes personnes*, lorsque l'enregistrement sur le registre de dépôt n'était pas requis. Le sieur André Brunet, de Sarcelles, s'étant présenté trois fois dans la journée du 29 septembre pour faire le dépôt de ses pièces, l'enregistrement lui a été refusé; il a fait constater ce dépôt par acte d'huissier. Il est évident que l'on ne paraît pas vouloir jouer cartes sur table.

J'aime à croire, ainsi que l'a dit M. le comte de Tocqueville dans une circonstance toute récente, que dans une préfecture d'honnêtes gens les listes électorales ne se composent pas par des tours d'escamotage; mais je puis vous dire, monsieur, que tout ce qui m'est arrivé à la préfecture de Seine-et Oise est bien peu rassurant pour des administrés.

MARTEL.

(Rognure du *Constitutionnel.*)

On ne peut le nier : tous ces faits sont abominables. Ils soulèvent une indignation profonde. L'administration doit protéger les citoyens, et elle les traque dans des piéges sans nombre. Elle doit défendre leurs droits, et elle les en dépouille. Elle doit rechercher leurs titres, et elle les repousse ; elle les brûle peut-être ! Ces refus de recevoir les pièces qu'apporte la poste, ces demandes de procurations sont absurdes ; car s'il faut des pouvoirs au mandataire, il faudrait donc au mandant, s'il se présentait lui-même, des certificats d'identité, des témoins, et des témoins de ses témoins. Tout cela est d'une déloyauté hideuse, d'une imposture grossière. M. le garde-des-sceaux, repoussant un amendement de M. le duc Decaze, s'exprimait ainsi le 1er février dernier : « Une disposition expresse n'est aucunement « nécessaire. L'esprit des deux lois de 1817 et de « 1820 était bien certainement que les listes fussent « formées d'office. Mais si leur texte pouvait offrir « matière à quelques difficultés, ces difficultés ne « sauraient se reproduire à l'occasion de la loi nou- « velle, dont les expressions ne peuvent donner « matière à aucun doute. Les préfets porteront d'of- « fice sur les listes quiconque réunit les capacités « électorales. L'obligation des préfets est donc cer- « taine. » M. de Villèle ajoutait qu'en y dérogeant ils commettraient une prévarication. La chambre repoussa donc l'amendement proposé par l'illustre duc.

Elle eut foi dans les paroles du ministère, et ces paroles étaient un guet-apens.

La loi voulant que les listes soient faites d'office, le magistrat ne connaît que les documens et point les hommes. Il a besoin de savoir qui a des titres, et non qui les lui présente. La censure rend un immense service aux administrateurs assez malheureux pour recevoir ces instructions épouvantables, ces instructions imaginées au dernier jour, en désespoir de cause, afin de commettre un vol sur les citoyens retardataires! Et qu'on le sache bien, le vol de la bourse n'est pas plus flétrissant que celui des droits. Quiconque y trempe, forfait également aux lois et à l'honneur.

DÉCISION DU CONSEIL D'ÉTAT.

Tout le monde avoue que le scandale des conflits a dépassé toutes les bornes. Un préfet s'en est indigné. Il a fait tous ses efforts pour lutter contre une de ces téméraires entreprises. On ne peut douter qu'il n'ait trouvé appui au conseil, et pourtant ses efforts ont été vains. La censure empêchera de dire ces généreux combats.

De tous les conflits, les plus remarquables sont ceux qu'ont provoqués les arrêts relatifs aux droits constitués par des belles-mères en faveur de leurs gendres, quoique ayant des petits-fils. La question a été jugée par sept ou huit cours royales. Ces cours se sont déclarées compétentes. L'administration en appelle à soi-même, et une ordonnance intervient qui réforme les sept ou huit arrêts!

Au fond, la décision est entachée d'absurdité. Le législateur a voulu que la propriété fût représentée, le fût même quand elle échéait à des femmes; elle restera dépouillée peut-être de ce privilège pendant trente ans.

Le législateur a voulu augmenter le nombre des citoyens intéressés a la conduite de la chose publique. On le restreint. Le législateur en cela suivait l'axiome ; *Favores ampliant, odia restringendu.* L'axiome est renversé, passons aux applications.

Un gendre qui n'était pas père encore a reçu les pleins pouvoirs de sa belle-mère. Au moment de l'élection, sa femme met un enfant au jour. S'il a une fille, il votera. Si c'est un héritier de son nom ou de ses droits qui vient de naître, il se retirera sans déposer son bulletin. Le droit demeurera trente ans en fourrière. Tout cela est insensé.

Mais la question de compétence est bien autrement grave. Les cours royales l'avaient jugée, et l'avaient jugée conformément à la lettre de la loi, claire mille fois comme le jour. La loi veut que le conseil d'état connaisse des difficultés relatives aux impositions et au domicile politique, et les cours royales, de celles qui concernent les droits civils et politiques. « Cette ligne de démarcation est claire « et précise, disait, le 1er février, M. le garde- « des-sceaux. Elle a distingué entre les actes qui, « étant purement administratifs, ne pourraient être « jugés que par l'autorité administrative, et les « droits qui, se rapportant aux intérêts privés des « personnes, rentreraient dans le domaine de l'au- « torité judiciaire. S'il s'agit de savoir si un individu

« a la jouissance des droits civils et politiques ; les
« tribunaux ordinaires doivent en connaître. »

Or, ici de quoi s'agit-il en effet ? d'actes administratifs ou d'intérêts privés ? d'impositions ou bien
de droits ? N'est-ce pas une jouissance de droits politiques qu'il faut établir ou plutôt constater ? N'est-ce
pas un contrat de famille dont la validité est en
cause ? Y a-t-il un seul acte de l'autorité sur lequel
les juges aient à prononcer ? Enfin, par l'arrêt, la
justice entrait-elle dans l'administration ? Point assurément. Par l'ordonnance, l'administration n'en-
tre-t-elle pas dans le sanctuaire des intérêts et des
droits domestiques ? Sans doute. Voilà donc la question jugée.

Si on cherche le profit de tels coups d'audace, on
ne le trouvera pas plus que le bon droit. Apparem-
ment qu'en irritant de plus en plus les cours royales
contre sa politique, le ministère compte être cano-
nisé sans objection.

Tout cela est si clair que les ministres n'ont pas
le mot à dire. Que fait la censure ? elle supprime les
objections contraires. Dès lors, c'est évidemment
comme si l'opposition était battue. Nous sommes,
avec nos ratures, sans frais de raison et d'esprit,
de terribles logiciens.

— L'autorité qui était juge en première instance, et
d'après la loi du 5 février 1817, et d'après la loi du 2 mai
1827, peut-elle paralyser elle même l'arrêt rendu en appel
qui a réformé sa décision ? A cette question une voix unanime répond : Cela n'est pas possible. Nous ne pouvons in-
sister davantage sur cette partie. '

(Rognure du *Constitutionnel.*)

—Le *Dictionnaire de l'académie* définit ainsi le mot anar-

chie : « État sans chefs , et sans aucune sorte de gouvernement. » Nous ne trouvons pas cette définition suffisante ;
nous pensons qu'il y a aussi anarchie dans un État quand les
pouvoirs divisés par la loi empiètent sur les attributions les
uns des autres , et quand un arrêt rendu par une cour sou -
veraine peut impunément être mis au néant par le tribunal
de première instance dont le jugement avait été réformé.

(*Ibid.*)

— Et pourquoi , dans quel but, dans quel intérêt, ces at-
teintes à la magistrature et aux droits des Français? Que
gagnera le ministère à écarter peut-être dans toute la France
une cinquantaine de gendres des fonctions électorales? Ne
court-il pas le risque, par cette mesure aveuglément hostile,
de faire feu sur ses amis comme sur ses ennemis? comment
expliquer cette attitude de deux ou trois ministres responsa-
bles contre les dépositaires indépendans de la plus noble
partie du pouvoir royal? N'y a-t-il pas une insigne mala-
dresse, de la part de ces ministres, à persuader que multiplier les électeurs, c'est multiplier les antagonistes de leur
puissance? Le jour des révélations ne doit-il pas tôt ou tard
se lever; et quelle force ne donnera point alors à leurs ad-
versaires cette multitude d'actes arbitraires contre lesquels
des réclamations surgiront de toutes les extrémités de la
France!

(Rognure du *Journal des Débats.*)

ORDONNANCE CONTRE LA LIBRAIRIE,

Cette ordonnance est encore une de ces hardiesses
dont le ministère n'oserait concevoir la pensée sans
le secours de la censure. Vous allez voir comment
notre main paternelle protège nos enfans.

Nous avons rapporté dans le *Courrier français* du 27 septembre , l'ordonnance insérée au numéro 185 du Bulletin
des Lois , laquelle statue que la peine de la contravention à
l'article 11 de la loi du 21 octobre 1814, en ce qui concerne le commerce de la librairie, est celle de l'amende
de 500 fr. , portée en l'article 4 du titre 11 du réglement
de 1723.

. · Nous n'avons fait sur cette ordonnance aucun raisonnement, et nous n'en voulons pas faire non plus aujourd'hui. Nous voudrions seulement noter quelques faits propres, selon nous, à éclaircir la question.

C'est un fait que le réglement du 28 février 1723 attachait une pénalité à la contravention relative au commerce de la librairie.

C'est un fait que la loi du 21 octobre 1814 n'a attaché aucune pénalité à la contravention.

C'est un fait que le considérant de cette ordonnance conclut de ce rapprochement que la pénalité du réglement est implicitement maintenue dans la loi.

Mais c'est un fait que toute disposition pénale doit être explicitement exprimée dans les lois.

C'est un fait qu'une disposition qui ne se trouve pas dans une loi, qui est déclarée ne pas s'y trouver, même implicitement, par plusieurs cours et tribunaux, ne peut y être rétablie que par voie d'interprétation.

C'est encore un fait incontestable qu'une déclaration portant qu'une disposition omise dans une loi, existait dans l'intention du législateur, est une interprétation *législative*.

Enfin, c'est un fait que le 17 décembre 1823, le conseild'état, délibérant sur la matière de l'interprétation, a solennellement reconnu ne pouvoir donner « qu'une interprétation « judiciaire qui n'a ni le caractère ni les effets d'une inter« prétation législative, que l'intervention de l'autorité légis« lative pourrait SEULE lui attribuer. »

Une circonstance qu'il ne faut pas oublier, c'est que sur une pétition adressée sur un pareil sujet, dans le mois de février de l'année courante, à la chambre des pairs, par le libraire Thery, cette chambre a reconnu que la matière était assez grave pour ordonner le renvoi au garde - dessceaux, et le dépôt au bureau des renseignemens.

Voilà des faits clairs, patens, dont aucune argumentation ne vient embrouiller l'expression, et qu'il n'y aurait pas de bonne foi à vouloir étouffer.

(Fragment du *Courrier français.*)

— Nous dirons au *Moniteur* : De quoi s'agit-il, dans cette espèce ? Le voici : la cour de cassation a pensé que la peine à appliquer aux personnes qui se livraient au commerce de la librairie sans avoir rempli les formalités prescrites par la loi de 1814, devait être trouvée dans un réglement de 1723. Plusieurs cours souveraines du royaume ont jugé que ce réglement avait été aboli par la législation de 1791 ; qu'il y avait une lacune dans la loi de 1814, et que, dès lors, le délit ne pouvait être puni d'une peine qui n'était pas prononcée par la loi. Cette lacune est-elle un fait? nul ne le conteste. Il n'y a donc plus matière à interprétation. Il y a donc lieu à créer, à ressusciter, si l'on veut, une disposition pénale. Or, qui peut créer ou rétablir une peine? Or, qui est le législateur actuel en France ? Le roi et les deux chambres.

Ainsi, dès le principe de la contestation, la question véritable qu'il y avait à juger a été éludée par le *Moniteur*. Il a laissé de côté la législation de 1791, qui avait aboli le réglement de 1723, et avancé comme un fait certain que la partie pénale de ce réglement avait été rétablie par la législation de 1814. Quand on lui a demandé le texte de l'article sur lequel il appuyait cette doctrine, il a répondu qu'il n'en existait pas, mais qu'elle avait été *implicitement* professée par le législateur de 1814.

· Puisqu'il y a contravention, a-t-on dit, à une loi qui défend de faire tel acte, celui qui fait cet acte commet un délit ; tout délit doit encourir une peine ; or, le législateur n'ayant pas fixé la peine en 1814, a nécessairement entendu que le juge appliquât celle qui avait été portée par le réglement de 1723 ; et comme ce réglement portait l'empreinte du temps où il fut rendu, on a cru pouvoir le mutiler, le disséquer, et n'en extraire que l'amende dont on attribue la totalité au fisc, quand le législateur de 1723 en avait disposé d'une autre manière. Ainsi ; par la force des choses, on a été obligé de violer, dans sa disposition, le seul article qu'on veut empreunter à ce réglement, vieux de plus d'un siècle ; comme si le législateur n'avait jamais oublié de mettre à côté de la disposition qui ordonne, la peine que devrait encourir celui qui désobéit. Ouvrez les recueils de nos lois, ils fourmillent d'oublis pareils.

Une première erreur en amène souvent une seconde. Il y avait omission dans la loi, on agit comme s'il y avait contradiction; et dans ce dernier cas même, le ministère se trompe en prétendant que la loi lui donne le droit exclusif d'expliquer et de fixer le sens de la loi. *Le Moniteur* cite comme

régulatrice de la matière une loi de 1807; et ce qu'il y a
de singulier, c'est qu'il étaie cette loi de l'article 68 de
la charte. Mais si la loi du 16 septembre 1807 a fait passer
au conseil-d'état le droit d'expliquer la loi, comme il est
incontestable que le droit d'expliquer la loi n'appartient
qu'au législateur, il arrive que la loi du 16 septembre 1807
est frappée à mort par ce même article 68 de la charte, invoqué pour la faire revivre.

Cet article porte en effet que les lois existantes *qui ne sont
pas contraires à la charte*, restent en vigueur jusqu'à ce
qu'il y soit légalement dérogé. Ainsi, cet article statue que
les lois qui sont contraires à la charte ont cessé d'être en
vigueur. Maintenant il n'y a qu'à examiner si la loi du 16
septembre 1807 est contraire à la charte. Qui oserait contester l'affirmative? Réparer un oubli de la loi, ou si l'on
veut, expliquer le sens d'une loi, sens auquel la cour de
cassation sera désormais obligée de se conformer, est un
attribut exclusif DE LA PUISSANCE LÉGISLATIVE.

Or, quel est le dogme politique, sacramentel, consacré
à jamais par la charte? Le voici : LA PUISSANCE LÉGISLATIVE
S'EXERCE COLLECTIVEMENT PAR LE ROI, LA CHAMBRE DES PAIRS
ET LA CHAMBRE DES DÉPUTÉS DES DÉPARTEMENS.

D'après ces considérations, nous pensons que M. le garde-
des-sceaux devrait provoquer le rapport de l'ordonnance du
16 septembre, présenter à la prochaine session un projet
de loi pour réparer l'oubli commis dans celle de 1814, et
prévenir par-là une nouvelle discussion, sur cette matière,
devant les tribunaux et les cours souveraines du royaume.

AFFAIRES JUDICIAIRES.

La publicité des débats judiciaires est odieuse au
ministère qui nous tient à ses gages, pour deux raisons : parce que c'est de la publicité, et parce que
c'est de la justice. Aussi nous amusons-nous à faire
nargue à la charte, à la magistrature et au bon sens,
en mettant au néant tous les débats dans lesquels in-
terviennent des ecclésiastiques, des opinions où voire

même la censure. Sous ce rapport la semaine a été bonne. Nous avons mis au secret l'existence de procès où notre métier était en cause.

PROCÈS RELATIFS A LA CENSURE. On a successivement appelé à la même audience trois affaires de contravention à la loi de censure, de la part de différens journaux.

La première concerne le sieur Charles Maurice, propriétaire-éditeur du *Courrier des Théâtres*, prévenu d'avoir inséré dans sa feuille du 6 août dernier un article qui n'aurait point été soumis au visa de la censure Le sieur Charles Maurice donne à ce sujet les explications suivantes : L'article dont il s'agit est relatif aux démêlés qui ont quelque temps troublé l'administration de l'Opéra-Comique ; c'est avec l'agrément, ou plutôt sur la demande de MM. les administrateurs, que je publiais des réflexions sur ces querelles de théâtre. Comme les matériaux ne m'étaient souvent fournis que fort tard, ce qui m'empêchait d'en faire usage, M. le directeur de l'Opéra-Comique se chargea d'obtenir de la censure l'autorisation de publier ces articles sans *visa* préalable : en effet une série d'articles fut ainsi publiée ; je dus croire qu'il y avait assentiment de la censure.

M. le président fait observer au prévenu que c'est là une simple allégation à laquelle le tribunal ne saurait avoir égard. Il faudrait le témoignage écrit du bureau de censure.

Le sieur Charles Mauric ne pense pas pouvoir obtenir cette attestation, mais il s'engage à présenter au tribunal une lettre de M. le directeur de l'Opéra-Comique confirmative de sa déclaration.

La cause est remise à huitaine.

— Des poursuites ont été également dirigées contre l'éditeur du *Journal du Commerce*, à raison d'un article inséré dans le numéro du 15 septembre sans l'approbation de la censure.

M. Bert, rédacteur en chef du journal, fait observer que cet article a été littéralement extrait de la *Gazette de France*, et en vertu d'une autorisation verbale, tous les journalistes peuvent extraire, soit de la *Gazette*, soit du *Moniteur*, tels articles que bon leur semble, sans recourir au visa de la censure ; il conviendrait à ce sujet d'assigner le chef des cen-

seurs, ou bien de consulter les rédacteurs des différens journaux, qui tous pourront porter témoignage que depuis l'éta-
blissement de la censure, il n'y a guère de jours où le *Journal du Commerce* n'ait fait à la *Gazette* ou au *Moniteur* des
emprunts de cette nature; pourquoi le comité de censure
n'aurait-il pas protesté plutôt?

La cause a été remise à huitaine.

Les poursuites dirigées contre le *Journal des Voyageurs*,
et dont le tribunal s'est ensuite occupé, sont à peu près de
la même nature. Il s'agit de deux articles insignifians publiés
malgré le refus de la censure. Le défenseur du journal a ex-
pliqué cette contravention involontaire par la manière dé-
fectueuse dont la censure exerce ses pouvoirs.

Le tribunal a renvoyé l'affaire à demain pour prononcer
le jugement.

(Rognure du Courrier français.)

— Nous avons rendu compte hier du procès intenté à l'é-
diteur du *Journal des Voyageurs*, pour avoir inséré dans cette
feuille deux articles refusés par la censure. Le jugement a été
prononcé ce matin à l'ouverture de l'audience : Attendu que
les articles biffés par la censure avaient été publiés par mé-
garde et non sciemment, le tribunal a renvoyé le sieur Roch
de la plainte.

(Rognure du Journal des Débats.)

PROCÈS RELATIF AUX OBSÈQUES DE M. MANUEL.
Le *Moniteur*, qui a pour habitude de rapporter *in extenso*
les condamnations judiciaires en matière de délits de la
presse, se borne à rendre compte dans les termes suivans
du jugement rendu avant-hier dans l'affaire de la *Relation
des obsèques de M. Manuel* :

« Le tribunal de police correctionnelle, présidé par
« M. Huart, a prononcé hier un jugement qui acquitte sur
« les divers chefs de prévention M. Mignet, auteur de la
« *Relation historique des obsèques de M. Manuel*, M. Gaul-
« tier-Laguionie, imprimeur, et M. Sautelet, libraire, et a
« mis hors de cause les parties intervenantes. »

(Rognure du Courrier français.)

PROCÈS CONTRAFATTO. Il s'agissait de poursuites dirigées contre quelques individus prévenus de voies de fait sur

4.

cet ecclésiastique. La censure n'a pas permis la publication des débats. Les voici :

M⁰ Aubert-Armand, avocat, demande, pour les prévenus, la remise de la cause, attendu l'absence d'un sieur Lescrivan, témoin important, et celle de M⁰ Lafargue, que les prévenus ont, dès l'origine, chargé de leur défense.

M⁰ Saunières, avocat de l'abbé Contrafatto, déclare que l'abbé Contrafatto, qui est dans l'intention de se porter partie civile, s'oppose à la remise.

M. le président : Il faudrait d'abord savoir si le sieur Contrafatto se porte en effet partie civile.

Le plaignant se lève. Il déclare se nommer Joseph Contrafatto, âgé de 31 ans, prêtre, né en Sicile. Il parle le français avec assez de facilité, mais avec un accent. Je me rends, dit-il, partie civile, me réservant tous les droits de la loi contre madame Lebon.

M⁰ Saunières combat avec force l'ajournement réclamé, et il en trouve les motifs très-futiles. La déposition du sieur Lescrivan est sans intérêt; quant à l'absence de M⁰ Lafargue, le sieur Contrafatto ne doit pas en souffrir. Il a le plus grand intérêt à faire juger que l'indignation publique a été trop facile à s'acharner contre lui.

M⁰ Aubert-Armand : Vous présenterez aussi bien ces moyens dans huit jours qu'aujourd'hui.

M. Le président : Sur quoi le témoin Lescrivan doit il s'expliquer ?

M⁰ Aubert : Sur un fait très-important, sur des coups qui ont été portés par le sieur Contrafatto à la dame Lebon.

M. Perrot de Chezelles, avocat du roi : Nous croyons devoir nous opposer à la remise, dont les motifs ne nous paraissent pas fondés. D'une part, la déposition du sieur Lescrivan a été fixée par écrit dans l'instruction, et elle peut être suppléée par deux autres témoignages. De l'autre, Le sieur Contrafatto va paraître devant la cour d'assises, et il est nécessaire de renvoyer les pièces à la cour royale.

M. le président déclare au nom du tribunal que la cause est retenue.

M⁰ Aubert-Armand et M⁰ Charles Ledru déclarent que l'intention des prévenus est de faire défaut.

M. Perrot de Chezelles : Ils courent le risque de perdre leur cautionnement.

M⁰ Ledru : Déjà , dans d'autres affaires , on a permis à des prévenus de faire défaut , bien qu'ils fussent en liberté sous caution.

MM. Mitivier , Monnerat et Vuichoud se retirent.

Le sieur Contrafalto , partie plaignante, fait sa déclaration sans prestation de serment, et s'explique ainsi : Mis en liberté le 4 août après avoir démenti l'accusation portée contre moi, j'avais le lendemain dimanche célébré le service divin. En rentrant chez moi , vers onze heures et demie , je rencontrai madame Lebon au bas de l'escalier. Elle s'agite avec beaucoup de violence avec d'autres personnes pour me jeter par terre. Dans le moment que je suis par terre , elle commence à me donner des coups de pied sur l'estomac et des coups de poing sur la tête. Me trouvant comme étranger , je ne pus reconnaître les autres personnes. Je suis victime de toutes ces mauvaises gens-là.

M. le président : Pouvez vous indiquer les personnes qui vous ont frappé ?

Le sieur Contrafalto : Je ne puis reconnaître que la dame Lebon. Elle est la première qui s'est jetée sur mon cou ; et je suis resté couvert de sang et mutilé.

M. le président : La dame Lebon n'a pas été renvoyée devant le tribunal par l'arrêt de la cour royale. Il n'y a que trois individus mis en prévention ; les reconnaissez-vous pour ceux qui vous ont frappé ?

Le sieur Contrafalto : Je ne croyais pas qu'un étranger et un prêtre pût être traité comme un malheureux , comme *je le suis été.*

La dame Nousse , portière de la maison rue Coquenard , n⁰ 9 , dit : Lorsque M. l'abbé revint le dimanche , madame Lebon le rencontra dans le corridor , et dit : Voilà l'homme qui a si cruellement traité mon enfant ! Là-dessus M. l'abbé s'est jeté sur elle , et ils se sont colletés.

M. le président : Avez-vous remarqué quelques hommes qui aient frappé l'abbé Contrafalto ?

La dame Nousse : Je me retirai à l'instant même , parce que j'aperçus quelqu'un à la porte.

M. le président : Vous savez qu'il y a trois individus prévenus de l'avoir frappé dans ce moment-là ?

La dame Nousse : Je n'ai pas vu frapper du tout.

M⁰ Saunières : Après cette première scène , qui s'est

passée dans le corridor , la portière n'est-elle pas sortie pour voir ce qui se passait à l'extérieur ?

La dame Nousse : Je n'ai vu que M. l'abbé.

M. le président : Vous n'avez vu personne courir après lui ?

La dame Nousse : Non , monsieur, il n'y avait personne; il peut vous le dire lui-même.

M. le président : Avez-vous appris qu'il ait été terrassé dans la rue ?

La dame Nousse : Oui , monsieur , j'ai su qu'il y avait eu beaucoup de tumulte.

M. Corrége , chef de bataillon , chevalier de la Légion-d'Honneur, demeurant rue Coquenard , dit : J'étais chez moi lorsque j'entendis des cris et un grand bruit ; je me portai à la croisée. J'ai vu un homme en habit noir qui tombait sur ses genoux. Il n'y avait près de lui qu'une femme. En même temps cet homme se met à courir et tombe de nouveau. Je ne sais pas s'il a été frappé ; mon attention était partagée.

M. le président : Il semblerait résulter de l'instruction, qu'en sortant du corridor l'abbé Contrafatto a été frappé par un homme dans la rue ; avez-vous vu ces faits ?

M. Corrége : Non , monsieur.

M. Meunier. autre témoin , déclare avoir vu une grosse femme aux prises avec un homme en habit noir. Lorsque celui-ci s'est relevé, il avait la figure couverte de sang.

M. le président : N'avez-vous pas vu le sieur Mitivier parmi les personnes qui ont frappé ?

M. Meunier : Non , monsieur.

M. le président : Vous avez dit, dans l'instruction, que c'était le limonadier ou son frère.

M. Meunier : Je n'ai pas dit cela du tout.

M⁰ Saunières : Il ne faut pas s'étonner si quelques témoins déposent avec réserve. Il ne faut pas se dissimuler que par suite d'injustes préventions, l'indignation publique a accablé de tout son poids le sieur Contrafatto.

M. Corrége fait à haute voix des observations à l'avocat.

M⁰ Saunières : Je ne dis pas cela pour vous , monsieur ; je serais fâché d'offenser un militaire qui doit être plus qu'un autre susceptible sur l'honneur.

M. Marin Roger , aubergiste, rue Coquenard , n° 7 : Le

dimanche matin, pendant que j'arrangeais le repas des personnes qui devaient dîner chez moi, la portière du n° 9 (la dame Nousse) est entrée, et a dit à un jeune homme appelé Nicolas, qui déjennait chez moi : Hé bien ! le prêtre qui a fait une chose si infâme est sorti hier de prison, il vient de dire une messe; mais à son retour on va lui en dire une autre. Là-dessus, je n'ai rien dit dans le moment à la personne qui était là à manger, mais j'allai à l'église dire à la loueuse de chaises et au donneur d'eau bénite la chose qui se préparait. Je dis : cela va faire un tumulte abominable, dites à l'abbé de ne pas revenir chez lui. Malheureusement il n'y était pas, et quand il revint il fut assailli par plusieurs personnes. Il tomba les jambes écartées comme une grenouille ; il se releva, on le fit tomber la figure sur le pavé. Il avait la figure comme couverte d'un masque de sang. Il s'enfuit dans l'église, la populace s'ameuta, et la gendarmerie fut obligée de le protéger.

M. le président ; Vous avez déclaré dans l'instruction reconnaître un des auteurs des voies de fait.

M. Roger : C'est un nommé Olivier.... ou Mitivier...., en un mot, le limonadier d'à côté.

La dame Nousse qui s'était beaucoup agitée pendant cette déposition, est rappelée.

M. le président : Femme Nousse, écoutez-moi d'abord; il faut de la tranquillité et du calme, et non de l'emportement; n'avez-vous pas dit à un jeune homme qui déjeunait chez le témoin ici présent, que l'on préparait des voies de fait contre le sieur Contrafatto ?

La dame Nousse : Non, monsieur, comme il faut mourir un jour, cela n'est pas vrai. (Au témoin.) Vous êtes faux comme Judas, monsieur.

M. le président : N'injuriez pas le témoin.

Le sieur Roger et la dame Nousse persistent dans leurs assertions respectives.

La veuve Suze, loueuse de chaises à l'église de Notre-Dame de Lorette, confirme le récit du sieur Roger.

M° Saunières prend des conclusions pour le sieur Contrafatto, contre les sieurs Mitivier et Monnerat seulement; elles tendent à ce qu'il soit accordé au sieur Contrafatto telles réparations qu'il plaira au tribunal, le sieur Contrafatto n'ayant eu d'autre but que de faire punir ceux qui, par la témérité et la légèreté de leur conduite , ont contribué à accréditer les calomnies dont il est l'objet.

Le défenseur termine sa plaidoirie en exprimant l'espoir que l'entière innocence de son client éclatera à la cour d'assises. '

M. Perrot de Chezelles , organe du ministère public , abandonne la prévention à l'égard des sieurs Vuichoud et Monnerat , et conclut , contre le sieur Mitivier , à l'application de l'art. 311 du code pénal,

Le tribunal a condamné par défaut le sieur Mitivier à trois mois de prison et 16 fr. d'amende; déchargé les sieurs Vuichoud et Monnerat de la plainte; et statuant sur les conclusions de la partie civile , a condamné le sieur Mitivier aux dépens , pour tous dommages et intérêts.

(Rognure du *Journal des Débats.*)

— Trois affaires relatives à des contraventions à la loi sur la censure , ont été portées aujourd'hui à l'audience de la police correctionnelle.

L'éditeur du *Journal du Commerce*, inculpé pour avoir inséré , le 15 septembre dernier, un article sur les affaires du Portugal , pour lequel il ne représente point le *visa* de M. le secrétaire du bureau de censure, a déclaré que cet article était copié dans la *Gazette de France* de la veille , et que, d'après un arrangement entre M. le directeur du bureau de censure et les rédacteurs en chef de divers journaux, on pouvait emprunter les articles de la feuille du soir , sans les avoir fait préalablement censurer. La cause a été remise à huitaine , pour donner à l'éditeur le temps de justifier l'autorisation verbale par lui alléguée.

M. Charles Maurice, éditeur du *Courrier des Théâtres*, a obtenu une pareille remise. Il soutient que ses articles non censurés , sur le théâtre de l'Opéra-Comique , n'ont paru qu'après avoir été communiqués à M. le duc d'Aumont, et avec autorisation verbale de MM. les censeurs.

Enfin , le rédacteur en chef du *Journal des Voyageurs* était inculpé du même délit, pour deux articles insérés dans les numéros des 26 et 30 juillet.

M. Perrot de Chezelles , avocat du roi , a exposé que l'un de ces articles était , sinon dangereux, du moins relatif à un fait faux : l'accident que l'on a prétendu être arrivé à Vincennes , où une femme aurait été tuée par l'imprudence des cánonniers. Il a conclu aux peines d'emprisonnement et d'amende prévues par la loi de 1820.

Mᵉ Vulpian , avocat du rédacteur , a argumenté de la bonne foi de son client. Les quatre ou cinq lignes dont il s'agit étaient au bas d'une colonne. On ne s'est pas aperçu , lors de la mise en page, que ces lignes avaient été supprimées. Subsidiairement , le défenseur a invoqué les dispositions atténuatives de l'art. 463 du code pénal.

Le jugement sera prononcé demain.

(Rognure du *Journal des Débats.*)

MEURTRE DU SOLDAT SUISSE TUÉ DANS LA PLAINE DE GRENELLE.

M. le comte de Salis et M. le marquis de Maillardon, chefs du régiment auquel appartenait l'infortuné Brulmann , ont écrit à M. le rédacteur de *la Gazette des Tribunaux* , une lettre qui rectifie quelques points de fait sans importance aucune, et discute des points de droit. Ces officiers établissent qu'ils ont jugé suivant les lois de leur pays : personne n'en doute. Ils établissent que ces lois valent mieux que les nôtres : cette manière de voir les honore. Heureux les guerriers qui aiment et respectent les lois de leur patrie !

Mais ici ; il y a deux points de vue bien distincts : Le point de vue helvétique, qui est, d'une part, que la législation est humaine et sage ; de l'autre, que le jugement étant conforme aux lois suisses, l'exécution était légitime ; et le point de vue français, qui doit être d'abord que la loi suisse est cruelle quant à la pénalité , et barbare quant à la procédure ; ensuite, que le jugement ne pouvait être rendu en vertu de lois étrangères, qu'il n'était point exécutoire, qu'il y a eu meurtre, qu'il y a eu assassinat.

MM. les officiers suisses sont désintéressés dans ce débat. Personne n'a pu penser à inculper leurs intentions, et à compromettre leur renommée. Juges, ils ont obéi à leur conscience; militaires, ils se sont conformés aux règles de leur discipline. Là, comme partout ailleurs, ils ont fait leur devoir..

Mais il y a eu violation du territoire national Il y a eu invasion de la justice étrangère dans la police de la France. La Suisse a exercé dans nos champs tous les droits de la souveraineté; car elle a formé un tribunal, fixé la juridiction, dicté la peine, exécuté la sentence, mis à mort un homme qui, habitant sur notre sol, vivait sous la protection et sous le joug de nos lois. Il a été invinciblement établi, et le ministère l'a reconnu par le silence de ses feuilles, que cette violation de notre sol, cette infraction de nos maximes, cette subversion de notre jurisprudence, ce déni de notre égide à un soldat qui gardait nos princes, nul acte de l'autorité royale n'a pu les rendre légitimes. La lettre de M. le comte de Salis fournit de nouvelles preuves à ces doctrines, en déclarant que le conseil de révision est investi du droit de grâce. Depuis quand une autre main que celle du roi peut-elle donner la vie dans l'étendue de son royaume? Depuis quand un autre glaive que le sien peut-il donner la mort? Il est douteux que le roi ait le pouvoir de déposer le droit régalien de faire grâce, et d'en investir d'autres que lui. Il est certain qu'il ne peut détruire le droit national de la souveraineté de nos lois. Un traité ne peut pas plus qu'une ordonnance renverser et mettre au néant nos codes.

Vous me demanderez, monsieur, ce que la censure peut avoir à faire à tout ceci; vous allez le savoir.

Nous avons permis l'insertion de la lettre de M. de Salis; nous n'avons pas permis au journaliste de lui répondre.

La lettre était amère et blessante; la réponse civile et convenable (1). Nous avons autorisé l'agression et point la défense.

La lettre faisait en quelque sorte invasion dans la maison d'un citoyen; car elle traitait durement un journaliste dans ses propres colonnes. Nous avons voulu le forcer ainsi à se dire lui-même des injures, à recevoir en quelque sorte silencieusement garnison ennemie.

La lettre discutait les législations des deux pays pour établir la supériorité de celle qui juge et tue les hommes en cinq heures, sur le code qui nous régit. Nous avons interdit l'apologie des lois nationales, des lois par lesquelles règne Charles X, des lois que chacun de nous est tenu de respecter.

Enfin, MM. les officiers de la garde étrangère disaient : Félicitons-nous d'être Suisses! Nous avons biffé la réponse de notre compatriote, qui répondait: Félicitons-nous d'être Français!

______

(1) Ces pièces ont paru, distribuées chez tous les libraires.

AUTRES BOUFFONNERIES DE LA CENSURE.

Après ce qui précède, ce qui suit court le risque de pâlir.

HISTOIRE. Il a existé en France un grand mouvement politique auquel les contemporains et l'histoire ont donné le nom de révolution....... Elle appartient au passé.

(Rognure du *Constitutionnel.*)

TENDRESSE POUR LES RÉACTIONS. Le véritable esprit révolutionnaire est dans le retour à des temps, à des idées, à des institutions qui ne sont plus, dont personne ne veut, et qui ne pourraient se relever que sur la ruine de tous les intérêts et de tous les droits. (*Ibid.*)

TENDRESSE POUR LA GUERRE COMME FLÉAU. La guerre ne doit plus se faire dans l'intérêt d'un homme, mais dans celui de l humanité. Un grand fléau doit seul la motiver. Mais si une calamité pèse sur une portion de l'espèce humaine, si un peuple périt victime des abus de la force, des excès de la barbarie, si des chrétiens sont égorgés par le glaive musulman, si un despotisme stupide menace le berceau de la civilisation, alors à la voix de tous les peuples éclairés, au retentissement de l'indignation universelle, des soldats de tous les pays marcheront sous les mêmes drapeaux pour défendre leur propre cause dans celle d'un peuple opprimé.

C'est dire assez que dans une politique plus équitable, le grand art de la guerre doit venir au secours des populations malheureuses ; c'est ainsi que cet art s'ennoblira, et cessera d'être pour l'espèce humaine un instrument de ruine.

(Ibid.)

— HORREUR DES GOUVERNEMENS SAGES. Ces gouvernemens sagement pondérés, qui accordent aux citoyens une juste influence dans les affaires, qui respectent tous les droits, encouragent la publicité, obéissent à toutes les impulsions généreuses. *(Ibid.)*

HORREUR DE L'IMPRIMERIE ET DE L'INSTRUCTION. Le tout est l'ouvrage de la publicité, qui par les

relati ons qu'elle a établies entre les peuples a créé une opinion publique en Europe. Les barrières élevées par l'ancienne
politique des cabinets sont tombées devant une presse; depuis
qu'on a su lire, et que l'étude des langues s'est propagée,
les obstacles se sont évanouis, et il n'a pas été difficile
de faire comprendre aux hommes de tous les pays, sous
quelque forme de gouvernement qu'ils vivent, que leur
cause est partout la même; que les besoins de tous sont
semblables; que les mêmes désirs, les mêmes espérances
vivent au fond de tous les cœurs. Aux prétentions nationales, à ces calculs étroits, mal définis sous le nom d'intérêts locaux, a succédé un intérêt unique, celui de l'humanité.   (*Ibid.*)

Après cette foule de suppressions tour à tour généreuses, humaines, patriotiques, cette foule de
traits ingénieux et nouveaux, qu'ajouterons-nous,
monsieur, à notre louange? Y a-t-il des raffinemens
que nous n'ayons atteints et dépassés? Les muets du
sérail, pour charmer leurs maîtres, auraient-ils rien
inventé d'aussi récréatif et d'aussi imprévu? les nains
et les fous d'autrefois avaient-ils des drôleries aussi
mémorables? A - t - on jamais empêché les habitans
de Constantinople de crier : félicitons-nous d'être Os-
manlis? Sous le despotisme de Louis XIV et de Napoléon, la liberté allait encore jusqu'à pouvoir im-
primer ces mots : félicitons-nous d'être éclairés, ou
même d'être Français.

· Quand on songe que nos hardiesses se passent à la
barbe de trente deux millions d'hommes, qu'elles
font noise à leurs intérêts, à leurs lois, à leur raison,
à leur conscience et à leur gloire, qu'elles servent à
protéger contre leurs ressentimens, autant qu'à di-
vertir dans ses ennuis, un pouvoir improbe et inca-
pable, que c'est là l'unique appui de ce pouvoir, à la

fois chancelant et furibond comme au retour d'un trop long banquet, comment nier que nos services soient de ceux qui ne se peuvent assez payer? Qu'on nous traite, si l'on veut, comme nos maîtres eux-mêmes le méritent; qu'on nous reconnaisse **des droits** à un cordon, qu'on nous l'attache où on voudra, qu'on nous le mette en sautoir.... Pour nous comme pour eux, ce ne sera jamais justice entière.

Votre humble servante,

LA CENSURE.

Paris, le 9 octobre 1827.

TABLE DES MATIÈRES.

9 782013 695688